感謝失業，讓我成為更好的人

走出迷惘，
開始為自己工作後，
過得還不錯的這五年

王木木——著

目錄

誰是王木木？ 07
作者序：我被資遣了 08

1 二十九歲，我登出職場了

希望這篇文章永遠不要幫到你 16
被資遣了怎麼辦？ 21
被資遣不丟臉，是重新認識自己的機會 28
迷惘的你「不該」做的五件事 34
待業期間可以做什麼？——四件事幫你降低焦慮，加值錄取機會 39
走過資遣打擊，培養自信的四個方法 44
向人生中的每個失敗說聲「謝謝」 52

2／工作的本質與意義

人生是憑實力說話嗎？不，老闆說的話才算 62
工作不是人生的全部！ 68
你想做英雄，還是做將軍？ 74
打造自己的鐵飯碗 78
為什麼工作沒有意義？ 83
找到錢多事少離家近的工作，人生就幸福了嗎？ 87
如何創造工作的成就感？ 91

3／建立自信，從低谷爬起

撕下「二十八歲百萬新創公司主管」標籤 96
別人的薪水總是比我高，怎麼辦？ 104
容許自己不夠好，人生會輕鬆很多 110
怎樣的學經歷才算是「夠好」？ 114
如何不在意別人眼光？——三個方法，幫你找回自主權，勇敢做自己 121
這輩子，只能這樣嗎？ 128
我們活著，不是為了滿足家人期待 139
你打算怎麼玩人生這場「無限遊戲」？ 145
不知道想做什麼工作，乾脆創業好了？ 156
人生沒有正確答案，所有選擇都是對的 163

4／跳脫離職的迴圈

兩次離職教會我的事 172
對工作沒熱情、沒興趣，我該離職嗎？ 176
年終到手，要離職了嗎？ 183
不想上班？擺脫職業倦怠的三個方法 188
工作越換越差，真的很可怕嗎？ 197
找不到適合的工作？那就自己創造一個 205
「你」的商業模式是什麼？ 216
四個指標，找到喜歡的工作 222
還在想離職不離職？用「測試」來決定吧！ 233
為失敗作準備 239

5／找到更好的自己

遇到人生難題？你要做的，不是急著解決問題！ 248
重新認識自己——生命歷程圖分析法 259
如何找到想要的人生方向？ 268
用「地圖思維」規劃你的人生 277
如何熱愛自己的工作？ 291
越想財務自由，就越無法自由 300
成功的定義是什麼？如何成功？ 309
影響圈——把人生往上推的方法 316

附件　王木木的人生迷惘自救書單 320

誰是王木木？我的人生三個關鍵字

黑馬

高三之前成績很普通，每次模考落點都在私大，考前三個月不小心掌握讀書和考試的方法，爆了大黑馬，考上政大廣告。

出社會之後，工作變成人生重心，秉持著成功一定有方程式的信念，超認真工作，自主加班進修，一年半內升上主管，管理將近十人的團隊。

資遣

後來因為組織調整，公司以業務過失為由，資遣了我。

原本走在成功方程式的我，人生突然失速脫軌了。拿掉名片之後，我發現自己什麼都不是，人生沒有方向、不知道要做什麼工作、終日渾渾噩噩。

這是我人生的低潮期，也是我人生的轉捩點。

工作圍繞生活

待業期間，我大量閱讀、進修，慢慢釐清生活和工作的關係：工作只是實現夢想的手段，而不是夢想本身；工作應該圍繞生活，而不是反過來。

因此，我確立了我的人生目標：我要創造一份圍繞著我的工作，這份工作符合我的生活需求，適合我的個性，讓我有飯可吃。它就是你現在手上拿的這本書。

作者序 我被資遣了！

「你很努力，但是請你做到明天。」

我睜大雙眼，不敢相信這句話會從老闆口中說出來。一時間，震驚、錯愕、疑惑、痛苦、不安的情緒全部堵上心頭。

「等等我會請行政同仁拿文件給你簽。」老闆說完這句話就離開會議室，獨留我一人。積在眼框中的眼淚終於潰堤，撲簌簌的掉下來。

我出身一個標準的公務員家庭，一家四口除了我，其他人全是公務員。爸媽管教嚴格，不僅對成績非常要求，對生活習慣也非常嚴謹。我媽最常掛在嘴邊的一句話是：「連這個也做不好，出社會等著被人開除！」

我從小就被灌輸讀好書、進好校、做好工作的線性成功學，人生只許成功，不許犯錯，最好跟他們一樣當公務員，安安穩穩抱一輩子鐵飯碗。

不過我的成績一直都很普通，高中連前三志願的門都看不到，一直到高三突然開竅，掌握到唸書的訣竅，把握時間唸書，有效率地做筆記、背單字和刷題本（相信我，考試是一門技術，跟聰明才智沒有絕對關係），不小心被我矇到個政大廣告系。

這個經驗告訴我一件事：只要努力就能成功。

至於為什麼是廣告系？我對傳播很有興趣嗎？其實並沒有，我根本不知道自己的興趣是什麼，只是分數剛好到了，從落點分析中選一個看起來比較好玩的科系而已。

畢業後，經歷幾次工作轉換，我進到一間軟體新創，擔任社群專員，負責公司的社群媒體行銷。剛進去的時候，二十人的團隊擠在一間公寓二樓。公司正處在草創階段，又有金主支持，發揮的舞台很大。

我負責管理公司粉絲專頁，除了想辦法把臉書的流量引進公司網站，各個能導流量的地方，我都盡可能地努力，無論是做影片、直播、經營 **Instagram**、廣告投放、辦活動，甚至主動找網紅合作（當時網紅行銷的概念在台灣尚未普及）。

畢竟是新創公司，很多行銷方式沒人有經驗，我就是擔任那個開疆闢土的人，也的確做出一些可以拿來說嘴的成績。

我也繼續發揮我的看家本領：努力。有任何學習資源、講座、書籍，我近乎飢渴的抓住每一個努力的機會，甚至和幾個做行銷的朋友自組讀書會，互相學習交流；我連程式語言都能自學，只為了可以自己從網站上撈資料，以提升我的行銷成效。

很幸運地，入職一年半之後我獲得賞識，晉升為主管，管理底下三個部門、含工讀生共十幾人的團隊，薪水也比我剛進公司時，翻漲了一七〇％。

以當時文組、不到三十歲，能領到這樣水平的薪水，我真的覺得自己超級厲害，走起路來都有風、整個人都在發光。下一步應該就是部門總監，薪水三級跳，走上人生的康莊大道吧？我也能登上商業雜誌，成為人生勝利組嗎？這再次印證我之前學到的經驗：只要努力就能成功。不過我在這間公司的巔峰，也就在這裡止步了。

俗話說，第一次當主管，是職涯最容易夭折的時候，講的完全就是我。我非常熟悉社群行銷，也做出成績，這不代表我知道怎麼管人。雖然我依然拿出過去積極學習的態度，讀管理書、上課、聽講座，但人心和臉書不一樣，人心沒有數據，我無法假設、測試、驗證，同事嘴上說好，心裡白眼翻了三圈。每個上班族一定都有類似的經驗。

行銷教我讀數據，卻沒教我怎麼讀心啊！

為了迫使團隊夥伴拿出成績，證明自己是個「有用的主管」，我用很糟糕的方式管理團隊，成為公司裡「有毒的成員」。現在回想起來，當時的做法非常不成熟，也沒有大局觀，更嚴重傷害團隊的士氣和信任。難怪最後的下場會是老闆說的那句話：「你很努力，但是請你做到明天。」

還記得離開公司那天，我就跟電視劇演的一樣，抱著一個紙箱，裡面裝著文件匣、筆筒、杯子和小盆栽，漫無目的地走出公司。

最慘的是，那天還下雨，我都分不清楚臉上濕濕的到底是雨還是淚了。

剛被資遣的第一個禮拜，是我最沮喪的日子，我每天哭著入睡、哭著醒來，醒來就在為過去懊悔：

「為什麼是我？」

「到底哪一步走錯了？」

「我真的跟媽媽說的一樣，被人炒魷魚了，真可笑！」

「我已經這麼努力了，為什麼沒辦法成功？我是不是真的很爛？」

當過去一直相信的信念被瓦解時，那種無力感，讓自己好像一個廢棄的塑膠袋，沒有重心，沒有價值，只能被風吹得飄到空中，又落在沒人在乎的髒亂巷子。

幸好，前公司蠻大方的，給了一筆豐厚的遣散費，外加政府發的失業補助，我有一段時間可以不愁吃穿，暫時不用為下一步煩惱。

這段期間，我除了出國散心，也開始對人生和工作感到懷疑：

✓ 我們為什麼要賺錢？只有工作才能賺錢嗎？
✓ 如果我不缺錢，為什麼我們要把三分之一的人生花在工作上？
✓ 工作的意義到底是什麼？
✓ 我的人生目標是什麼？功成名就是我想要的嗎？
✓ 人生的目的是什麼？工作是人生的意義嗎？
✓ 我到底想做什麼工作？為什麼人力銀行看來看去，都沒有我想做的工作？
✓ 世上真的有同時兼具興趣、意義和收入的工作嗎？

反正失業嘛，也沒什麼特別的事，於是我的努力特質又開始自動運轉——我大量閱讀，聽講座，上課，拿這些問題四處問朋友，甚至拿去問面試官，試圖從各個角落找出答案。而這本書，就是針對這些人生問題，我目前找到的最佳解答。

這不是一本教你怎麼成功、怎麼在職場步步高升的書，更不是一本倡導「找到熱情就萬事OK了」的書，但如果你曾在夜半時刻，問自己這些問題：

✓不知道人生目標是什麼，把工作當成人生的全部
✓不知道自己想做什麼，找不到自己的熱情
✓不喜歡現在的專業，又不知道想轉什麼跑道
✓在職場和工作上很努力，卻得不到想要的結果
✓覺得工作學不到東西，又腳麻無法離職
✓對未來、職涯和金錢感到非常焦慮

這本書從我的角度出發，試著解答你心中的那些人生疑惑。不過，雖然說是寫給你，我私心更覺得，這本書是寫給當時被資遣的自己，是一本和過去和解的書。

這本書的內容，大部分來自我的部落格「人生研究所」。二〇一九年開始，我在人生研究所記錄從失業、迷惘到明朗期，一路以來的學習和思考。網站至今已經累積三百萬次瀏覽、一百七十萬人次造訪，以及近一萬名的電子報訂閱者，我也幫助超過兩百名

學員，啟程尋找自己的人生藍圖。

本書記錄了我的成長與蛻變，是我人生中很重要的一個逗點。希望這本書也能為你的人生畫上逗點，讓你接續寫出更豐盛的生命故事。

1

二十九歲，我登出職場了

沒了名片之後，我發現我竟然無法拿工作以外的角色定義自己，
也不知道除了工作，人生還有什麼是重要的？……

希望這篇文章永遠不要幫到你

但很不幸，總是有人需要，因為現實是殘酷的。

我以前在職場是很認真工作的人，二〇一八年因為工作出包，加上我的管理不當，被公司資遣了。

沒了名片之後，我發現我竟然無法拿工作以外的角色定義自己，也不知道除了工作之外，人生還有什麼是重要的？因此成立「人生研究所」網站，記錄這一路的學習和思考。

結局看起來很正向對不對？那是因為我已經走完了整個「悲傷五階段」，接受並放下，把這次挫折當成人生的轉折點。

但當時被告知資遣的當下，我直接在會議室爆哭，離開公司的第一個星期，我每天都掛著眼淚睡著。

悲傷五階段

悲傷五階段是美國精神科醫生 Kübler-Ross 博士所提出。根據她的臨床觀察，人們在面對死亡、損失和重大變故（例如丟工作）時，會經歷五個情緒階段。

我的情緒歷程是這樣的：

1. **否認**：不願接受現實，覺得公司一定弄錯什麼了，老闆上次不是還在全公司會議上稱讚我的表現嗎？不是主管親自提拔我的嗎？

2. **憤怒**：當我在非自願離職書簽下名字，資遣已成定局，我非常生氣。我氣主管、氣老闆、氣曾經是麻吉的同事，但我最氣的還是自己：我怎麼那麼沒用？

3. **討價還價**：這個階段我做了好多事——

✓ 上演復仇計畫：我要進一間更厲害的公司、到國外工作，讓老闆知道自己看走眼，資遣我是他的損失！

✓ 密集和前同事保持聯絡，聽公司後續怎麼處理資遣我的消息、聽公司八卦。

✓ 在網路上搜尋被資遣後，又被公司請回去的案例。

4. **沮喪：**隨著時間過去，有越來越多不認識的面孔，出現在前同事的社群貼文，我越來越難參與前同事的話題——我真的被趕走了。既然每看到前同事的動態，心就抽痛一次，乾脆和前同事解除好友，眼不見為淨。

5. **接受：**最後，我接受被資遣的現實，開啟面試之旅、到別的公司上班、寫部落格，重新出發。

「人生研究所」這個網站和品牌，可以說是被資遣之後的產物——接受被資遣的現實，重新適應情況，並將過程和學習分享到網路上，成為你現在看到很正向的我。

所以，並非我有能力在資遣之後還保持正能量，而是被時間治癒了。

別白白浪費被資遣的經驗

走過悲傷之後，我心想：不能白白浪費這次被資遣的經驗，我要借力使力，把資遣扭轉成一個人生加分項，所以我做了兩件事：

經營部落格

我把被資遣的經歷分享出來，幫助更多和我一樣被資遣的人。

沒人想被資遣，可是資遣一直在發生。我被資遣已經是二〇一八年的事，一直到今天，還是有人會來問「被資遣了怎麼辦」？

同時，被資遣也是被迫停下來思考人生的時候，所以我也把自己在人生思考的學習寫成文章，最後變成一份讓我工作和生活平衡的新型態工作。

面試時大方坦承被資遣

很多被資遣的人很擔心被面試的公司知道，你知道嗎？資遣的經驗才能讓你更容易拿到 offer！

我被資遣之後，都會在「你為什麼離開前公司？」這題，老實回答是被資遣的。

我會坦承自己的錯誤，再分享從中學到什麼、如何避免再犯錯，也補充待業期間做了哪些學習以補足缺失，展現積極態度。

我還會反問面試官，如果是他遇到我前公司的問題，會怎麼處理？公司面試我們，我們也在面試公司，可以從面試官的回答中，觀察未來主管的性格，以及公司文化適不適合你。

前陣子看到網友分享，蘋果的面試除了考專業技術，還會考面試者說故事的能力，會在面試中問類似「你過去最大的挫折是什麼」的問題。

被資遣的經歷不是人人都有，浴火鳳凰的故事大家更愛聽，這時候你是不是就和其他競爭者不一樣了？

時間可以治癒一切

也許看完這一長串我的資遣經驗，你還是擠不出一點正面能量，這很正常，因為你還在悲傷的前四個階段。

接受悲傷，想哭就哭、想放縱就放縱、想亂花錢就亂花錢吧！當你的頹廢堆積到你的心理上限，就是走到第五階段「接受」的時候了。

時間可以治癒我，就一定可以治癒你。

> 當命運交給你一顆酸檸檬，你要想辦法把他做成一杯可口的檸檬汁。
>
> ——戴爾．卡內基

被資遣了怎麼辦？

被資遣了怎麼辦？被開除會不會留下紀錄？面試要老實說嗎？

大家認知的就業，通常包含了求職、升遷、離職、退休等等，其實資遣也是就業的其中一環，每個人都可能遇到，卻很少有人討論資遣。

被告知資遣了，可以做什麼？

如果你剛剛被告知資遣，現在應該非常震驚、傷心，但是沒有時間慌張，這幾件事一定要趕快做好，保障自己的權益（如果已經辦完離職手續，這段文字參考即可）：

✓ **要求非自願離職證明**：有非自願離職證明才能申請失業補助，只要是被資遣，就一定要拿到，攸關未來半年的經濟壓力。很重要！

✓ **計算正確的資遣費：**年資每滿一年就要給半個月的薪資做為資遣費，在同公司做滿三年，可以拿到一個半月的薪資做為資遣費，詳情可以上勞動部網站，也可以使用資遣費試算工具計算應得資遣費。

✓ **資遣預告薪資：**按照年資有十到三十天的資遣預告期，公司要在預告期結束之後才能停止付薪水，如果公司要你明天就不要進來，你有權要求預告期薪資。

✓ **謀職假：**從公司明確告知資遣日期，到辦完手續前的這段期間，你享有每週最多兩天的謀職假，而且薪資照常給付。

正式離開公司前，可以多準備的事情：

✓ 請主管為你進公司之後的工作表現做全面的回饋，要分手了，總是能說出一些真心話，把這些真心話收進心裡，好好反省。

✓ 和交情好的同事告別，交換 Line、臉書等聯絡方式，說不定未來能派上用場。

✓ 趁著還能連公司網路，在不違反勞雇契約和保密協議的前提下，把能放進履歷和作品集的資料存起來。

✓ 列好交接清單，把自己最後的責任完成。

被資遣了，會被面試的公司知道嗎？

如果公司明明請你走，卻要你用自願離職的方式離開，或問你要不要拿非自願離職證明，拜託你，請你一定要拿！

我明白你擔心拿了，可能會被之後面試的公司查到，但是你要知道，之後面試的公司無法查到你的資遣紀錄，也查不到你先前勞健保退出的原因；唯一可能會被發現資遣的方法，就是「人」：可能 HR 打電話到前公司照會，或面試的公司剛好認識前公司同事，不小心被打聽到。

不過，根據我親身經驗，就算面試時大方承認自己被資遣，態度良好也照樣拿得到 offer，我就拿到三個以上的錄取。

拿了非自願離職證明，你就能領半年的失業給付金（是平常我們辛苦繳的勞保、就保錢啊），利用這半年好好進修、整裝再出發，也可以比較有選擇工作的餘裕，不需要為了下一餐，隨便找個工作。

我很慶幸我有拿非自願離職證明，讓我有半年時間好好進修、旅遊、休息，開啟新的人生。

所以，千萬不要不敢拿非自願離職證明！

如何面對被資遣的挫折？

剛被資遣的第一個禮拜，是我最沮喪的日子，我每天哭泣，每天都在為過去懊悔，每天思考之前到底是哪一步走錯了？為什麼公司是資遣我，不是資遣別人？

提出一百個這樣的問題也不會有用，就像情侶分手，其中一方心冷了就是冷了，如果真要找出原因，唯一一個、真正的、也不會有人告訴我的原因，就是公司不需要我了。

提分手的人，哪會直接跟你說「我不喜歡你了」？

職場就是這麼殘酷。

接下來的日子要怎麼辦？從分手中復原，沒有什麼訣竅，就是時間。努力成為一個更好的人，才能挺起胸膛、更有自信的面對下一份工作。

不工作後，時間很多，加上有失業補助，不急著找工作，為了不要讓自己被悲傷情緒淹沒，我投入大量時間到新的計畫和學習：

✓ 去韓國旅居一個月，加強韓文實力（也胖了三公斤）。

✓ 回國後繼續自學韓文，通過韓檢二級。

✓ 開始學習理財投資，接觸被動收入與現金流，金錢觀大改變。

✓ 學習經營部落格，三個月後瀏覽量翻倍。

✓ 完成人生第二次半馬。

當然，也持續面試。

被資遣的經歷，面試要怎麼說？

根據我十幾次的面試經驗，我的建議是：看情況。

待業期間，只要有發面試給我，不管多鳥、評價多差的公司我都會去，一方面累積面試經驗，另一方面也想學著「善意包裝」被資遣的經驗。

不過大多數的公司喜歡誠實的面試者，所以我把面試分成兩類：

沒興趣的公司：練習包裝話術

如果是我沒興趣的公司，我不會講我被資遣，而會說「離開前公司」。我會根據職位講不同離職原因（我之前在新創擔任主管職）。

✓面試大公司非管理職：「之前待的新創制度一直改變，想看看體制完整的主管是怎麼領導團隊的」。

✓面試大公司管理職：「想嘗試規模更大的企業」。

✓面試新創公司：「想把前公司學到的經驗應用在不同產業上」。

總之，就是見人說人話，見鬼說鬼話，反正我也不想去，試試看怎樣講才不會被戳破。

另外我還會問很多公司文化和網路上查不到的產業訊息，藉機學習相關知識。例如有一次去電商面試，因為我對電商領域非常不熟，把面試官問到煩，然後我就對電商有更深入的了解了（因為面試態度積極，還拿到了 offer）。

想要的工作：老實告知被資遣，並且展現積極態度

如果是我很想去的職位，我會據實以告是被前公司資遣的，承認自己的錯誤，並且分享從中學習到什麼、待業期間做了哪些學習以補足缺失，展現積極態度。

我還會反問面試官，如果是他遇到我前公司的問題，會怎麼處理？從中了解你未來主管的性格和公司文化。

這好像很違反常理，怎麼能讓面試的公司知道自己被資遣？但長遠來看，「誠實」更重要。想想看，如果進公司後才知道你是被資遣的，會不會對你信用打折？會不會不願意把資源給你，因為你不大誠實？

一個工作者的信用，不是就職之後才開始累積，而是從接到面試電話那刻起，就開始計算了。

資不資遣不重要

我認為，只要態度正向且積極，被資遣並不影響錄取。十幾次面試實驗下來，兩種類型的公司都有發 **offer** 給我，最後我選擇去一家上市櫃公司擔任行銷。

面試官除了看你的特質、專業和經歷是否符合公司需要，更重要的是你是否從失敗中學習？是否不會再錯第二次？

賈伯斯說：「每雇用一個人，就是為公司的未來砌上一塊磚。」犯錯可以改，不會可以學，跌倒之後有能力把自己推起來的人，才有可能推動公司的未來。

被資遣不丟臉，是重新認識自己的機會

結束五個月的待業，我去了一家上市櫃網路公司做數位行銷。回頭檢視這一年，人生經過一番重新整理，我更加認識自己。

找到遺失三十年的人生目標

過去，我對自己想從事什麼職業始終抱持著不確定，直到待業期間接觸了投資理財，才理解過去對金錢的觀念實在錯的離譜！

加上親身體驗了工作的不可靠：那麼努力、全心全意投入工作，還是有可能隨時丟工作，真不敢想像，如果到中年才發生這種事，身上有家庭的重擔，該怎麼應對？

所以，我總算撥開了籠罩三十年的烏雲，找到人生目標：我要創造一份以我為重心的工作，工作時間更自由、更彈性、更有保障，不再只是用時間換錢。

工作的意義究竟是什麼？

待業期間，我一直在思考工作的意義，始終思索不出個所以然，直到我撥開烏雲、找到人生目標，才明白工作本身沒有意義，就是為了吃飽。

我不再把工作當作生命的全部（即使我們的社會總是這麼強調），只要持續進步與產出價值，沒有工作並不是壞事，所以，我現在是自由工作者，自由調配工作時間。

我可以平日下午去健身房，不必跟臭烘烘的巨巨爭奪器材；假日得排隊一個小時的餐廳，平日中午可以一秒入座；靈感來的時候，我可以寫部落格寫到半夜，不必擔心明天要早起上班。雖然收入不多，但是我比上班時快樂太多了。

過去因為太投入工作而失去的時間自由、人生目標、興趣、健康、金錢觀……都在這段時間找回來了。

被資遣是壞事嗎？

我覺得不是，我衷心感謝前老闆資遣我，讓我可以從另外一個面向對待人生。

待業期間的好用工具包

有過被資遣與待業的經歷，我整理出待業期間可能會用到的工具：

減輕你的經濟壓力

✓ **失業補助：**帶著非自願離職證明，到離你家最近的就業服務站辦理，補助最多六個月。如果在六個月內找到工作，還可以領到剩餘補助的一半，做為獎勵。

✓ **健保：**勞保局部分補助健保費，詳見勞保局法規。

✓ **加減賺外快：**

◇ 填市調問卷賺現金或點數，如集思網、點眾、樂天 **Rakuten Insight** 等網站

◇ 有機車就可以做 **Uber Eats**、**Foodpanda** 外送

◇ 短期兼差或接案，可以上 **Tasker**、**Pro360** 和小雞上工等網站

特別注意：請領失業補助期間，打工收入超過之前投保金額的八〇％，會扣除部分補助；如果打工薪資超過法定基本工資，就不能領取補助了。

持續學習與進步

待業期間時間很多，拿來學習是非常值得的投資。勞動部的職訓課程，課程內容非常精實，訓練時數都是三百小時起跳，而且非自願離職者可以全額補助學費，職訓期間還有生活津貼！

線上學習是我最喜歡的學習方式，不受時間地點限制，還可以加入社團獲得老師親自協助。我推薦兩個平台：

✓ Udemy 是我最常買課的線上課程網站，有半價活動時，很多課程只要十美金，非常划算，很適合新知識入門。英文課程很多，老師語速很慢、用詞很簡單，不用擔心聽不懂。

✓ Hahow、Pressplay 是本土線上課程網站，課程以繁體中文為主，沒有語言障礙，內容課程五花八門，從投資理財到法式甜點都有，一定有你感興趣的課程。

閱讀是最有效率、最高品質的學習法，經過這次丟工作的經驗，我愛上了看書！每一本啟發我的書，我都會寫成閱讀筆記，好好吸收消化。

重新理解人生

✓ **定位自己：**透過幾個心理測驗，重新認識自己，為職涯重新安排規劃。

✓ **思考人生目標：**人生不是只有工作，還有健康、家庭、人際等等，趁著這次機會，好好重新思考人生目標。

✓ **重新認識金錢：**工作只是為了錢，你的一生需要多少錢？如果一輩子工作，賺的到嗎？何不重新認識金錢、學習投資理財？

諮商與法律資源

相信待業期間，常常會有心慌焦慮的時候。如果你覺得自費的心理諮商費用太高，其實政府有提供價格親民的諮商服務。

各地的就業服務站有提供免費諮商、諮詢，只要跟你的輔導員預約即可。我當初因為待業初期的不安感，以及對未來職涯的迷惘，有使用過就業諮商，一次一小時，諮商師著重於我面對挫折的心理狀態，給我一些放下與接受的建議，聊完之後有豁然開朗的感覺。

各縣市區公所也有提供免費心理諮商（台北市會收一點掛號費），如果這段期間讓你出現長時間憂鬱、沮喪或失眠，可以試著找心理師聊聊，幫助自己緩解低潮情緒。

如果你的前雇主非常不應該地，沒有妥善保障你的權益，你可以向各地區公所尋求免費法律諮詢，或是向法扶申請勞工訴訟法律扶助。

對認真工作、負責任的你來說，被資遣的確讓人難堪又傷心，放心的去難過吧！難過完了，就拿出對待工作的態度對待自己，努力讓自己進步、從中學習，或許這次跌倒，會是人生的轉機，也說不定呀！

之後回頭看，你會感謝勇敢又堅強的自己的！

迷惘的你「不該」做的五件事

從我離開校園，一直處於迷惘之中，到努力工作，到被資遣，到終於理解人生和工作的意義，決定成為一個助人者，開始寫作，把走出迷惘的經驗作成課程，經歷了十年。

十年很長，我兒子都可以唸小學三年級了。走出迷惘需要花到十年嗎？我覺得根本不需要。回頭看過去的我，浪費很多時間，做了很多對迷惘沒有幫助的事情。

下面這五件事，是我想告訴十年前的自己，「不要再這麼做了！」但是，時間不會倒流，潑出去的時間也收不回來。所以，我想把這五個過去踩過的雷，告訴可能正在迷惘中的你。或許如此，你就不需要跟我一樣花十年時間，才能找到人生方向。

抱怨

以前我在職涯路不順的時候，很常在社群媒體發文抱怨，從公司環境，到同事的衛生習慣，所有不順眼的事，全部倒在社群媒體上。

這是負面的自證預言——高漲的負能量變成一道濾鏡，讓我只看到工作的不好，好證明我的抱怨都是真的，就算工作稍微順利一點，我也認為只是暫時的。

於是我越抱怨，工作就越糟；工作越糟，就越焦慮，就做出更多不理性的決定，無論是工作上，或人生上的。

要停止這個無限迴圈，就是停止抱怨，抱怨對迷惘一點幫助都沒有，完全沒有。

「看」工作

因為不知道自己想做什麼工作，就到人力銀行晃晃，看看有什麼有興趣的職缺吧。結果晃了一圈，信心瞬間減了一半，因為有興趣的工作，要麼相關經驗不足，要麼缺少某個必要條件，然後就更不知道自己想做什麼了。

讓我從面試官的角度，告訴你職缺說明（Job Description）的祕密吧。以我自己找人的經驗，職缺要求的能力有 ABCDE，但是我也知道要找到 ABCDE 全都有的人很難，不趕快找到人，工作沒人做，累的就是自己。

所以，如果面試者的能力只有 ABC，但是態度積極，三觀正常，價值觀也合得來，我還是會錄用他，畢竟能力可以再學習嘛！所以，別想從「看職缺」找到自己想做什麼，那只是拿不完全真實的職缺要求打擊信心而已。

離職

面對目前工作的不開心，離職的確是一個最快速的解決方法。問題是，離開這間公司，你還是不知道自己想要什麼呀！

或許你會經歷「假性脫離迷惘期」：剛到一間新公司，要適應新的工作方式、新的環境和新的文化，會覺得自己學到很多東西很棒，好像不迷惘了，但是東西學完了，甜蜜期過了，你會發現自己還是困在一樣的迴圈裡。

離職沒有解決問題的核心：不知道自己想要什麼，你只是從迷惘 A，跳到迷惘 B 而已。

考慮換到薪水多的領域

這年頭最常聽到的，就是打算到資策會上個課，轉行做工程師。

我在迷惘時期，也花了不少時間研究轉做工程師的可能性，畢竟菜鳥工程師的起薪，是我出社會幾年的薪水，怎麼能不流口水呢？

但是我的工程師朋友強尼點醒了我。國中就開始自學程式的強尼跟我說，想成為傑出的軟體工程師，「興趣」是最重要的，因為技術不斷推陳出新，你必須喜歡程式語言，才會不斷主動學習。如果沒有隨時更新技術知識，專業就會上不去，專業上不去，薪資就會跟著一起停滯。

然後，他講了一句我到現在還印象深刻的話：「如果你對程式有興趣，不會到今天才考慮要學 coding。」那個瞬間，我就明白自己不適合當工程師。

要比薪水永遠比不完，真的想賺很多錢，你必須要非常專業，而你有沒有支持自己不斷學習的燃料——興趣和熱情？

一定要找到一條正確的人生道路

過去，我花了很多時間，想找到一個我「真正想要」的產業或職位，卻遲遲沒有行動，儘管我不喜歡當時的工作。因為我怕嘗試了，卻發現那不是我真正想要的，一切都白忙了。如果不是因為被資遣，我就會被困在「找到正確道路」的關卡中不斷重複。

真正想要的東西，都是試出來的，不開始嘗試，就永遠無法確認自己想不想要，就繼續困在迷惘裡。在我寫部落格之前，也曾經嘗試寫程式語言，嘗試做股票，最後才找到寫作這條最適合我的道路。

每一次嘗試都是寶貴的經驗，只要不斷從經驗中學習、修正自己的人生策略，就沒有時間被浪費，就不是白忙一場。

待業期間可以做什麼？

——四件事幫你降低焦慮，加值錄取機會

你正在等面試的電話嗎？

在人生研究所的讀者來信中，待業狀態的人占了將近一半。我完全了解待業期間，是最容易讓人感到焦慮和迷惘的時候了。

不斷登入人力銀行，看對方是否已讀我的履歷；每天都在等電話，可是接起來永遠是「我這邊有一隻飆股賴群」「有一個優惠的貸款方案請您參考」；因為收到太多次無聲卡和感謝信，質疑自己是不是能力不好；最焦慮的是，存款餘額越來越少！

接著，就會開始胡思亂想：要不要去考國考？要不要去資策會上個課，轉行當工程師？有個阿姨保險做得有聲有色，要不要加入她？或是，焦慮地寄信給我。最後，為了停止焦慮情緒，接受一個不怎麼理想的工作，做沒多久就離職，再度進入焦慮的待業迴圈。

以上，我全都經歷過，我是如何度過這段低潮期的？

不要想一隻白色的大象

現在叫你不要想一隻白色的大象，你會想到什麼？馬上想到一隻白色大象對吧？「不要焦慮！」你肯定常常這樣對自己精神喊話吧？你知道這樣只是把自己弄的更焦慮嗎？越是叫自己不要怎樣，就等於再告訴自己：快點給我怎樣！

面對待業期間的焦慮，你要做的是「分心」：把自己弄得越忙越好，讓自己沒空焦慮。你可以做哪些事，來讓自己忙得無法焦慮呢？跟你分享我在長達半年的待業期間，忙於哪些事：

瘋狂面試

首先，當時我非常沒自信（畢竟被資遣嘛），所以這段期間，只要有人叫我去面試，不管多瞎、評價多差的公司，除了直銷和保險，我來者不拒。

在這趟長長的面試之旅中，我見識了會在面試中講髒話的總經理；經歷了因為英文不夠好，讓英文面試沉默了十秒以上（永遠記得面試官是如何直盯著我）；也遇過暖心的面試官，很肯定我的能力，只是表現得太沒自信……

無論對著空氣練習自我介紹幾百次，效果都不如一次真槍實彈的面試。雖然收到一大疊無聲卡和感謝信，但我的面試技巧也越來越好、看起來越來越有自信，當想要的工作出現了，我已經很能推銷自己了！

持續學習

輸入新知、學習新知識，不管有沒有真的吸收進去，都會給自己一種「我有持續在進步！」的安慰感。

待業期間，除了參加各種行銷、網路產業的講座，也參與行銷社群，結識業內人士。

另外，我也閱讀了非常多書，人生研究所的知識基礎，幾乎都是在這個時期建立的，包含了投資理財、人生思考、挖掘興趣的書，讓我成長非常非常多。

運動

我們都知道運動很好，無奈有工作的時候，常常沒時間運動。現在時間超級多，不該再逃避運動了吧！而且不用上班的我們，完全可以避開人潮，不是很吸引人嗎？

我最推薦適合失業期間做的運動是游泳。游泳是很好的全身性有氧運動，只是游泳非常麻煩，下水前要換泳衣、游完還要洗澡，每次都花掉我兩個小時。只有待業期間才有時間好整以暇的游完一千公尺，再悠閒享受烤箱和蒸氣室，獎勵努力運動的自己。

加上離峰時間的泳池只有零星泳客，剛好一人一條水道，再也不會被別人踢到，非常舒適。

寫作

另外，我還列了一個當時我沒做，但我建議你應該要做的是：寫作。

你必須要知道，寫作是未來十年最重要的職場力。數位資訊已經全面包圍我們的工作，無論寫結案報告、用通訊軟體或 email 溝通工作（而非過去用電話為主）、寫履歷，全都要用文字表達，就算你是個寫程式語言的工程師，也要寫說明文件給別人看吧？而被疫情加速推進的遠距工作型態，更仰賴數位文字溝通，寫作能力，能不重要嗎？

不妨趁著這段時間，把你在過去工作中學到的專業知識，透過寫作統整、梳理，不僅一邊訓練自己的寫作能力，也在為自己建立職場的招牌，還能當作求職的作品集呢！把你的專業知識用文字具體呈現出來，將會比其他只有履歷的競爭者更專業、更能說服面試官。

以上這四件事，不僅可以幫助自己陷在焦慮裡，面試被問到「待業期間都在做什麼」，也可以加分的事情。

最重要的還是行動

看到這邊，你可能點頭如搗蒜：「沒錯！就是應該要做這些事！」但是，知道不等於做到，如果不去做，一切都是零，你會繼續在待業焦慮中煎熬。

焦慮的點開人力銀行、等電話對找工作一點幫助都沒有，不如現在就站起來，出門運動。總之，用正向的學習心態，忙碌的度過這段不能算快樂的時光，你將會找到工作之外的收穫。

走過資遣打擊，培養自信的四個方法

有一次，我收到一位讀者的來信，雖然他詢問的是工作問題，但我在字裡行間，看到了滿滿的缺乏自信：我不聰明，不會唸書，工作一直不順，能力不好……

這讓我想到，我也經歷過自信低落的時期，尤其是被資遣後找工作的那半年，每天都在質疑自己，這份工作我真的可以嗎？看到很心動的工作，卻因為沒有自信，不敢投履歷。

過了幾年，我對自己還蠻有自信的。以創作者來說，或許我的表現並不特別突出，但我知道，我有能力寫出讓人有共鳴的文章，創造百萬流量，累積電子報八千位訂閱者。

為什麼我覺得建立自信是人人必備的能力，以及我的自信是如何從近乎被摧毀，重新長出來的？

越沒自信，越得不到

我們都知道「吸引力法則」：當你全神貫注地想要某個東西，向宇宙下訂單，宇宙就會給你想要的東西。但是，你知道吸引力法則也能實現負面的結果嗎？

越沒自信，就越得不到想要的結果。

在華人強調謙虛的文化裡，比起鼓勵自己，我們更傾向批判自己，而且從家庭教育就受到這種謙虛文化荼毒薰陶。

國中某一次段考，我考了全班第五名，開心地把成績單給爸媽看，沒想到我爸直接澆我一桶冷水：「前面還有四個人比你厲害呢。」

這種沒自信的文化，從小就深植在我們的大腦，如果長大的過程中，沒有機會培養建立自信的能力，有很大的機會會覺得自己過得很不順遂。

我很常在讀者的來信中讀到「我不會唸書」這五個字，這五個字後面接的是什麼呢？

「我不會唸書，所以不考慮再進修⋯⋯」

「我不會唸書，所以不考慮國考⋯⋯」

即使進修能帶來想要的加薪或升遷，卻因為認為自己不會唸書，一直卡在不滿意的收入和職位上；即使渴望一份穩定的工作，卻因為認為自己不會唸書，一直困在不喜歡的工作中載浮載沉。

一個人最底層的信念，會影響一個人的行為，如果身體是一台車，那信念就是駕駛，駕駛覺得哪裡該去、哪裡不該去，車子就會按照駕駛的意願往前開；如果一個人的核心信念沒有自信，覺得自己能力不足、不夠聰明、沒有專長，那最後你表現出來的，就真的會是能力不足、不聰明、沒有專長的樣子。相同的例子還有很多：

信念	行為	結果
我不會做簡報	逃避每次簡報	失去上場磨練的機會，越來越不會簡報
我不夠聰明	拒絕學習新技能、不用心工作學習	表現出不聰明的樣子，沒辦法得到主管同事信任

這就是「行為三層次」。結果，是許多行為累積出來的，當你累積了無數個「因為沒自信而做出的較差選擇」，自然就累積出你不滿意的結果。也就是說，現在的你，是

過去三到五年的行為所累積出來的樣子。

要得到想要的結果，就要從核心信念開始改變。或許你會想，我的過去就已經這麼糟了，自信怎麼可能現在就憑空生出來？

加值你的自信

就像我說的，現在的你，是過去的行為累積出來的「結果」，不是喝幾碗心靈雞湯，就會一夕之間自信爆棚。但是我們可以從「現在」開始，不斷創造正向經驗，加值你的自信，信念就會淺移默化。

我在二〇一八年的時候遭遇了資遣。對工作認真、快速升上主管的我，被資遣不僅是核爆等級的打擊，自信更是徹底被炸了一個大洞。就連後來找工作面試，都被面試官提醒要有自信一點。

幾年過去，現在的我，對自己的網站、品牌和內容頗有信心。我的自信是怎麼長出來的？我做了這四件事，來灌溉我的自信：

1. 挖掘正向資源

找個半小時的空擋，靜下來回想一下，有哪些事有這些特徵：

✓ 自己覺得做得很棒的事

✓ 被別人稱讚過的事

✓ 曾經得到理想成果的事（考很好、得獎……）

這些就是你的正向資源，當你沒自信，就仔細回想這些正面資源，是在什麼情境發生的？誰跟你在一起？你做了什麼？透過接近這些記憶，給自己「我可以」的正向暗示，找回你的自信心。

被資遣之後，雖然很傷心，但我很常想起自己和同事感情很好的畫面：一起喝酒、打電動、吃吃喝喝……，除了起衝突的同事，我和每個同事都能聊天……。

於是，我就找到了一項正向資源：或許我工作能力不行，但人際關係的能力還是很不錯的。

2. 重新評價負面經驗，並從中學習

重新評價負面經驗，是前面「挖掘正向資源」的相反，找出讓你沒自信的負面經驗，回頭看那些事件，還有當初那麼可怕、那麼糟糕嗎？如果時光倒流，讓你重新面對當時的負面事件，你會怎麼做比較好？你從這些負面經驗學習到什麼？

你會發現，這些負面事件，都是人生最珍貴的教材。只要能從中學習，就做得很棒了。

被資遣的當下，我被負面情緒淹沒，想的全都是：為什麼是我？我怎麼能讓這件事發生？我是不是工作能力很差？但是現在再回頭看，我反而感謝這次打擊，讓我有機會思考工作的本質到底是什麼，如果再回去面對一樣的情況，我一定有能力也有智慧，做出更好的選擇。

3. 創造各種「小成就」

只要完成一件小事，就給自已一個大大的掌聲，在日常生活中不斷累積成就感、掌控感。

具體做法，簡單到不能再簡單：只要寫一張待辦事項。把必須要完成的小事寫在紙上，這些事情必須要夠小，例如洗衣服、拖地、運動、對發票，完成之後再劃掉，就能創造成就感。

不要小看這小小的一畫，只要眼睛看到「畫掉」這個動作，就能提供大腦最立即、最簡單的成就感；而夠小的事，就是一個明確的目標，是你有能力，也應該要完成的事，當你完成之後，就能帶給你目標達陣的反饋，提供第二層的成就感。

4. 進階法：課題切割

課題切割，是心理學家阿德勒提出的理論，只要分清楚「他人」和「自己」的事，許多煩惱就能迎刃而解。

別人覺得你工作做得差、沒能力、不聰明，那是「別人的事」，我們無法控制；只要把「自己的事」做到最好，把自己能控制的事情做到最好、用心盡力完成每項工作，做出自己也滿意的成果，你就已經是一百分了。

例如，你覺得自己不擅長簡報，害怕主管給你很差的評價，但主管怎麼看你的表現，是他的事，我們無法控制。只要在自己的守備範圍內做到最好——充分練習，讓簡報內容倒著也能講，你就已經非常棒了。

之所以說這是進階法，是因為課題切割需要比較多轉念和練習，不像前面是可以立即執行的方法。但是課題切割的效果是最好的，因為它是一種改變核心信念的方法，如果學會課題切割，除了更有自信，心靈也能更加自由。

以上這四個方法，幫助我從挫折中重新站起來，儘管之前被老闆資遣，我還是相信自己有能力寫出讓人共鳴的文章，也因為有自信，才有動力一直寫，並且在重複執行中不斷進步，慢慢累積出一些成績。

現在的你，是過去無數個行為所累積出來的結果；想要得到一個有自信的自己，就要從現在練習改變核心信念：找出正向資源、重新評價負面經驗、創造小成就和練習課題切割。

向人生中的每個失敗說聲「謝謝」

有一次，我的文章〈如何停止痛苦的比較心態？〉被網路媒體刊出之後，意外地受到廣傳。想當然，也吸引不少酸民留言，其中不乏對我當主管又被資遣的經歷冷嘲熱諷：

「下修成功標準來獲得成功，很阿Q……」

「被資遣的人，有什麼資格教人家怎麼過人生？」

「拜託，竹科工程師不用那個年紀就百萬年薪了好嗎？」

有人說，一則負面留言的殺傷力，需要五個正面回饋才能彌補，但我看了這些留言，反而沒什麼感覺，因為我知道，只有自己可以定義自己的成功，他們怎麼知道我的成功是什麼？

Podcast「佐邊茶水間」主持人 **Zoey** 的書《工作必須有錢有愛有意義》講到一段話，大意是現代人物質過度豐富，比起外在金錢成就，內在心靈的平衡更被視為新興的成功，而我現在的狀態就處於後者。

人生的三次失敗

不少讀者曾經來信，很羨慕我知道自己要什麼，但我並不是平平順順就突然想到自己要什麼，而是經歷過三次人生大翻車，才把這些失敗，堆疊出現在的平靜生活。

我覺得失敗才該被讚揚、被分享，因為每次失敗，都是人生成長的養分。

如果你正卡在人生中的某個環節，無論是感情、工作、事業或是人生方向，覺得離你的成功很遙遠，希望透過我的這三個失敗，讓你知道：失敗不是壞事，失敗是人生的養分，為了讓你迎接更想要的未來。

差點中斷學業的疾病

升大四暑假某一天，我在家吃完午餐，一從餐桌站起，沒有任何前兆，眼前突然一片黑，「碰！」一聲昏倒在地。救護車來到之前，我恍惚醒來說要上大號，家人發現我竟然解出超黑的血便。

送到醫院之後，昏倒的原因是失血過多，研判消化道有嚴重出血，緊急安排胃鏡、大腸鏡檢查，卻找不到出血點，只好住院觀察，一邊輸血、一邊等候更精密的檢查。

沒想到，這一躺就躺了一個多月，躺到學期都開始了，CT、MRI、各式沒聽過的精密檢查都做了，還是找不到原因。每次主治醫生來巡診、告知檢查還是找不到原因時，我只能哭。有一次，主治醫生看著我哭到皺成一團的臉，嘆了口氣：「哭也沒用啊！」

在病床上，我不斷回想過去熬的每一個夜，吃的每一餐垃圾食物，後悔每一個破壞健康的生活決策；也一直想我還有好多事沒做：還沒申請交換學生，還沒踏上亞洲以外的土地，當時在學校做的廣播節目，還有好多音樂人還沒訪問到……

「為什麼是我？」

「我還能活多久？」

病房窗戶灑進明亮的陽光，病床床單企圖用清爽的淡綠色緩解我的焦慮，但我的心卻從沒那麼暗過。

棄公主而去的白馬王子

第二個人生失敗，是二十幾歲時，一場痛苦的失戀。

那時，我遇到了少女時期的夢幻對象：是藝術家，也是音樂家，才華洋溢、飽讀詩書又懂得生活，帶我去從沒踏足過的美術館、藝術大學、音樂工作室，沒見過世面的少女，完全被吸進戀愛的黑洞中。

因為他實在太好了，加上當時的我很沒自信，於是用缺乏安全感，把自己的心武裝成一位醜陋又脾氣大的公主：每天要聯絡、行程要報備、電話不能不接，沒做到就生氣吵架，還不覺得這有什麼奇怪的，情侶不就「應該」要如此嗎？

情侶沒有「應該」要做什麼，也沒有人願意被這樣束縛，更沒有人喜歡伴侶動不動就生氣。我在歐洲交換學生時，因為時差的關係，更缺乏安全感、公主病變本加厲，對方終於受不了，提了分手。

從戀愛黑洞被甩回地球的我，經歷了人生第一次痛苦的失戀。接到對方提分手的訊息時，我正在巴賽隆納的海邊，也不管旁邊就是成群觀光客，興奮地隨著酒吧熱鬧的拉丁音樂起舞，一個人蹲在金黃色沙灘上痛哭，伴著地中海的藍色海水。

世界這麼大，我花了這麼多時間金錢，來到一萬公里外的西班牙，蹲在海邊的我覺得自己好小、好小，小到像一粒沙子，海風一吹就消失了。

我甚至打電話向父母哭訴，要知道，我父母很嚴厲，上大學之前，我是在棍子、禁愛令和十點門禁中度過的，逃到國外都來不及了，怎麼可能會和父母分享私密的感情事？不管了，我實在太痛苦了。

「為什麼他不喜歡我了？」

「我是不是再也遇不到跟他一樣好的人了？」

歐洲的酒比水還便宜，分手後的每天晚上，我都拿酒當水喝，才能掛著眼淚入睡。

輸在只知道努力的工作

出社會幾年，我輾轉來到一間軟體新創擔任行銷。因為是新創公司，可以施展身手的空間很大，在父母、學校和無形的主流價值觀之下，我非常努力工作、積極表現，下班後經常上課、聽講座，期待薪水和職位可以快點達到「大大」的標準。

一年半後，皇天不負苦心人，我升上部門主管，薪水漲了三成，但我還是覺得不夠，還沒達到「大大」的水準，所以比過去更加努力積極了。

因為過往以自己的利益優先、積極表現的策略，成功讓我升上管理職，我依然用同樣的策略鞭策團隊，而沒有考慮公司要什麼。我想讓團隊績效更好、被老闆看到，於是對表現不佳的夥伴用很極端的方式管理，也會在其他場合使些小手段，讓對方難堪。

漸漸的，個人利益優先的策略，讓我變成辦公室裡有毒的人而不自知，在老闆眼裡，有毒的員工只會給團隊扣血，對公司毫無幫助。

所以老闆就把我資遣了。

這是我人生最重大的打擊。一來，雖然我不斷武裝工作能力，職場成績單卻被蓋上紅色的不及格印章；二來，我把公司當家，公司卻沒把我當家人，說切割就切割。

當時也不知道怎麼面對打擊，只跟家人說我離職了，想去韓國學一陣子韓文，實際上是拿著資遣費逃到首爾散心一個月。

「我這麼努力還落得失敗的下場，是不是我真的能力很差？」

「是不是再也找不到像樣的工作了？」

看著魚貫走進首爾三星大樓的上班男女，我不禁這麼想。

凡殺不死我的，將使我更強大

經歷過這些失敗，我成為一個失敗者了嗎？不，現在的我很好，平靜、知足，知道自己要什麼，堅定的往我的願景緩步前進中。

健康的問題，後來在大型醫學中心，用一種還不普及的小腸鏡技術，診斷出我得了只有二%的人會有的先天疾病：梅克爾憩室，手術後就完全康復了。

因為曾經與死亡靠得那麼近，讓我體認到生命短暫，變得很有行動力，想創業就創業，想離開職場就離開，我不想下次死神再來敲門時，只能跪在死神前，懺悔那些還沒做完的事；我花了半年從失戀中走出來，當我再次回到戀愛市場，已經不是過去那位小公主，而是懂得怎麼成熟愛人的女人。我學到，我不能把自己的安全感，建立在別人的行為上，更無法控制別人按照自己的期待行動。

因為感情觀變得成熟，讓我遇見現在的老公，共組家庭，歡歡笑笑度過每一天。再夢幻的對象、愛得再轟轟烈烈，都比不上一個相處起來舒服的人。

職涯的失敗讓我學到，無論是多高層的主管、多基層的專員或是同層的夥伴，都是一起為老闆打團體戰的戰友，而不是上對下的權威或競爭關係，大家一起把公司利益放在個人利益前，才是健康的職業心態。

突然被開除也讓我深刻體會，穩定上班看似安穩，長期來看風險是最高的，你可能會因為不小心犯了錯、努力錯方向，或是年紀太大，一夕之間被趕出公司，萬一只有薪水這個單一收入來源，生活該怎麼過下去？

所以我開始學習投資理財，創造薪水之外的收入；除了投資金錢，我也投資時間建立個人資產：寫作和個人品牌。畢竟，在老闆手下做得再出色，成果終究是老闆的，不是嗎？

因為在健康、感情和工作都失敗過，即使現在的我，沒有達到酸民口中金錢名聲的「成功」，但我擁有的是金錢也買不到的心靈平靜、我的人生目標，以及很清楚知道自己要什麼。

每一次失敗，都是人生的紅利

為什麼失敗會發生？因為過去我們採取了錯誤的人生策略，導致失敗的結果。

我們都知道，企業必須隨著時局變化，時刻調整經營策略，人生策略也一樣，每個人生的失敗，都是一個警訊，提醒我們：你該調整人生策略了！這就是失敗帶來的「失敗紅利」。

金錢會複利，人生策略也會，越早拿到失敗紅利、越早把人生策略調整好，未來得到的收益越大；相反的，錯誤的策略也會複利，失敗的越晚，要付出的代價越大。我們看別人沒有失敗，不代表他的策略沒有錯，只是時候未到而已。

中國知名諮商心理師陳海賢的書《了不起的我》有一段話我很喜歡：

「如果一個人的一生發展平順，從未經歷掙扎和困難，這種平順會變成另一種形式的挫折，把他變成格外平面和膚淺的人。」

如果你正在經歷人生的低潮：職涯不上不下、薪水或工作環境不理想，或健康亮紅燈，或感情、婚姻觸礁，被親近的人欺騙、對人失去信心，請記得：這些失敗，只是你生命中一個一個小點，這些小點連起來，將會變成一條上升的線。

無論你追求的成功是什麼，越早得到失敗紅利，就離你的成功就更近一步。

2

工作的本質與意義

「你們的時間有限，不要浪費時間活在別人的人生裡。」

—— 史蒂芬・賈伯斯

人生是憑實力說話嗎？不，老闆說的話才算

說到被資遣，我的前同事阿佑經歷了比我更曲折的故事。

我和阿佑一起工作時，我們都才二十幾歲，是勇於做夢、精力充沛的年紀，那時我們都覺得，人生就是憑實力說話。雖然我和阿佑都想過出國工作，但我只是那個說說的人，阿佑則是把夢想畫出來的人。即使當時的專業不足以出海工作，也沒辦法用英文和外國人溝通，阿佑下班之後依然非常努力精進專業，還找了英文家教加強英語能力。阿佑用實力握住自己的命運，一步步實現他的職涯成長三階段：先進入台灣的外商工作，接著跳到新加坡，最後成功出海到地球的另一邊，進到 Twitter 旗下的子公司。

或許你會覺得，阿佑的確掌握了自己的命運，不是嗎？是，他是掌握了命運，但是他只掌握了前半段，他沒看見自己背上被公司操弄的，後半段的命運線。

＊

阿佑剛落地一個月，租房才塵埃落定、才剛搞清楚離家最近的超市在哪裡，某天早上醒來時，突然收到公司的信：Twitter 已經把阿佑所屬的子公司售出，也在信裡講明，接下來會有一波人事整頓。阿佑看了差點昏倒，才剛離鄉背井就馬上要失業了？

幸好阿佑實力堅強，躲過人事整頓，順利內轉到 Twitter 倫敦辦公室。

不過，命運的玩笑還沒停止。

後來，特斯拉的老闆馬斯克買下 Twitter，上任不到兩週，就大刀闊斧裁掉 Twitter 一半的員工。這次，阿佑逃不過了，他也在這波裁員名單上。

這是阿佑跨洲工作的第一年，，他失業了。還有房租等著要繳，飯還得吃，尤其當地的飯貴的不得了……

＊

人生是憑實力說話嗎？不，老闆說的話才算。

我和阿佑的經歷都證明了，上班就是把自己的命運交到老闆手上，你永遠不知道老闆在想什麼、公司什麼時候會轉彎，老闆可以花一個月考慮要不要雇用你，不需要你的時候，只要一天就可以把你趕走。

別把命運綁在老闆的夢想上，下班後也努力為自己做點什麼吧！也許是做些投資，也許是培養其他專長，甚至只是寫點東西，經營個部落格、自媒體都好。

老闆已經拿走你三分之一的人生，另外三分之一用來睡覺，剩下的三分之一，還不為自己打算嗎？

公司新策略肯定賺不了錢，但，關你什麼事？

回想以前還在職場拋頭顱灑熱血時，年底是一年中火氣最大的時候，因為老闆總會在年底宣布公司明年的新策略，大部分看起來都很沒用，徒增大家的工作量。

火氣大的時候，最喜歡跟同事聚集在一起罵公司，一起擔心公司的未來。不過，關我們什麼事？老實說，無論策略成功與否，負責的都不是我們呀。

一九八〇年，蘋果的第一個失敗產品上市了，它叫做蘋果三號。它的失敗，源自賈伯斯的剛愎自用。

蘋果三號的前身——蘋果二號，取得了巨大的商業成功。它是史上第一部普通人也能用的電腦，而不是只有懂得焊接、示波器和電壓計的宅宅玩家才有辦法使用。蘋果二號也是史上第一部可以玩遊戲的個人電腦！

蘋果二號讓賈伯斯成為當時電腦產業最亮眼的新星，名利雙收。那年他才二十二歲。然而，比成功更難的是成功第二次。為了延續蘋果二號的成功，賈伯斯勵志要開發下一個「史上第一台〇〇的電腦」，劃出新的時代。

理想很豐滿，現實卻很骨感。賈伯斯雖然勇於做夢，卻也要為財務報表負責，他必須趕快做出下一個能賺錢的產品，ASAP 的那種程度。

光環和時間的重量同時壓在賈伯斯肩上，讓他做了一大堆錯誤決策：為了顧及外型（畢竟賈伯斯是出了名的外貌主義者），他堅持主機不能有風扇，工程師只好選用造價昂貴的散熱材料，抬高蘋果三號的售價；為了和時間賽跑，賈伯斯苛刻對待開發團隊，小氣、責罵、歇斯底里樣樣來，賈伯斯的壞名聲就是從這時後開始累積，也埋下日後被趕出蘋果的種子。

最糟糕的是，蘋果三號開發到一半，賈伯斯突然對其他新技術產生興趣，就放棄了蘋果三號，任由開發團隊自生自滅。

最後，蘋果在外界期盼的目光中，端出超級失敗的新品：延後兩年上市、售價超不親民、開賣幾個星期就出現各種災情，最終銷量也差強人意，幾年後蘋果三號就黯然停產。諷刺的是，蘋果三號停產時，蘋果二號還在熱賣中呢！

我讀到這個故事時就在想：如果我是蘋果三號的工程師，絕對氣死！

「主機不能加風扇，老闆在說什麼傻話？用這麼高級的材料，價格變這麼高，誰要買啊？」

「什麼新技術？既然有更想要的新技術，幹嘛不一開始就先想好？」

「為什麼一開始盯我們盯這麼緊，後來又不管我們，不給我們方向？之前還對我們這麼兇！」

「都是他不會做產品，害我們失敗收場，真的是一個廢老闆！」

然後打開人力銀行，開始編輯履歷，準備跳槽尋找更好的公司……

我二十幾歲還在職場工作時，也常常為公司搖擺不定、沒用的鳥策略感到生氣。

但是隨著年紀和知識增長，越來越知道：上班不過是去打打工、幫老闆圓夢而已，蘋果二號再怎麼成功，也沒刻上開發者的名字；蘋果三號的失敗，被記住的也只有賈伯斯的剛愎；再怎麼掏心掏肺為公司煩惱，媒體也不會報導我們。

我們的責任，就是爬上老闆擺好的梯子，如果我們爬到對的地方、成功了，勝利屬於老闆；如果梯子擺錯地方，害我們爬到錯的地方，還是老闆要負責。

所以，各位打工族們，公司的事，放寬心就好，就像作家黃大米所說：「月薪沒有二十萬，真的不用操煩公司營運。」

讓我們專心當個薪水農夫，用種出來的稻米好好填飽自己的肚子，才是長壽的工作法喔！

工作不是人生的全部！

有時，我會收到讀者請我給他選工作的建議，通常是拿到兩三個 offer，不知道怎麼選擇比較好。

我發現，遇到這種問題的人，對 offer 猶豫的點，通常是薪資、公司名聲、升遷空間，以及下一份工作好不好跳，卻沒人考量自己想過什麼樣的生活。

我很認同一句話：「生涯規劃永遠大於職涯規劃」，在考量工作時，應該以生涯優先，讓生活圍繞工作，而非工作圍繞生活。為什麼這麼說？我們把工作當成人生的全部，但企業並不是這麼想的。對企業來說，我們只是棋盤上的棋子、創造財報數字的小兵而已。

二〇一九年，一間草創網路公司邀請我協助建立行銷流程，老闆 Kevin 從一間雜誌社出來自己開公司。

第一次見面時，我向他坦承，因為先前被公司資遣，沒自信可以勝任他的邀請。他跟我分享他長達十五年，精彩又卻淒慘的職涯故事：為公司燃燒生命，直到生命燃燒出問題，卻被公司收割功勞、拔掉職位。

小業務成為大功臣

十五年前，**Kevin** 加入一間頗具規模的商業雜誌社，擔任廣告業務。當時，行動裝置還不普及，更沒有臉書、YouTube 等等資訊傳播平台，雜誌銷量大，基本上只要維持既有客戶，就能有不錯的業績。

二〇一〇年，隨著行動裝置崛起，資訊隨手可得，紙本雜誌銷量越來越差，數位廣告也持續侵蝕實體廣告預算，雜誌廣告越來越難賣，雜誌社營收也直線下滑。

當時，**Kevin** 腦袋動得快，看準雜誌社訂戶都是認真向學的商業人士，嘗試開發了實體課程、講座、活動的商業模式，企圖為雜誌社開拓新的收入來源。

Kevin 這一猜，果然給他猜中了：這些會訂雜誌的商業菁英，非常需要這類活動，有的人想學習其他專業人士的 **know-how**，有的人則偏重實體活動的社交功能，拓展商務人脈，更可貴的是，這些菁英非常願意掏錢投資自己，即使門票單價非常高，還是常常一票難求。

這一嘗試，不得了了，雜誌社發現新的金礦！於是主管提拔這次掏金任務的大功臣 Kevin，負責往後的實體活動業務，準備迎接大掏金時代的來臨。

Kevin 非常盡責，實體活動越辦越多、越辦越大，還開發出活動贊助商的新商業模式，門票、贊助兩頭賺，創下了雜誌社有史以來最高的營收，到現在還無人能超越。

Kevin 回憶，最高紀錄曾在一個月辦了十二場活動，整個月都沒有休假。雖然非常辛苦，但只要想到，他一個人就為公司帶來六成以上的營收，非常有成就感。

當時，光是獎金就足以讓他年年換好車、買東西不看價錢，在公司講話也越來越有份量，常常影響公司重要決策。但是，他不知道的是，風光背後，危機卻悄悄來臨。

為公司犧牲健康，卻因為健康被拔官

當年三十六歲的 Kevin 覺得，當下是事業衝刺期，更何況他可是公司的明日之星，升上總監指日可待，完全沒心思談戀愛、培養個人興趣，更別說運動了，每天九、十點到家後，窩在沙發上吃個宵夜、看一下電視，就是最棒的休閒。

因為長期缺乏運動，體重來到人生巔峰。Kevin 總是想著：等我今年再創造一次營收高峰，明年就減少工作量，開始運動！

慢慢的，Kevin 的身體開始出現一些很小的狀況：會議主持到一半，講話突然口齒不清，但一下就好了；企劃打一打，半邊手腳突然發麻，但是幾分鐘就過去了；有時候則是無法控制臉部半邊肌肉，也是一下就恢復。就是因為每次症狀都只持續一下下，沒有造成生活不便，Kevin 就沒有放在心上，想著：我明年就會開始照顧健康了！

某天下班回家後，眼前突然毫無預警地發黑、跌了一跤，雖然一下就復原了，但是這一摔竟然把手摔到骨折，因為 Kevin 長期缺乏運動和日曬，骨頭變得非常脆弱。Kevin 一個人住，沒有伴侶，也沒有室友，只好自己忍痛搭計程車去醫院掛急診。

醫生聽了他視力模糊的狀況，以及前陣子短暫的口齒不清、手腳發麻和無法控制臉部肌肉，診斷出 Kevin 已經發生好幾次小中風了，醫生還告訴他，三十六歲就小中風非常危險，不趕快改變生活習慣，未來發生腦中風的機率會非常高。

這一跌把 Kevin 嚇壞了，趁著這次骨折，請了一段長假，畢竟之前幾乎沒有休息，積了很多假。同事知道 Kevin 小中風、骨折之後，還特地到家中探望，Kevin 還和同事說說笑笑、交流公司八卦，殊不知公司內，一場風雲變色正在醞釀……

回公司第一天，Kevin 被叫進總監辦公室，告訴他：公司擔心他的健康，把他調離忙碌的業務單位，換到壓力較小的內勤部門，讓他休養身體。表面上是關心他的健康，事實上是已經學到他辦活動的 know-how，加上公司怕 Kevin 在工作時出事，得付出更高的人事成本，因此有意架空他。就這樣，Kevin 坐上總監位子的泡泡破了。

危機就是轉機

一開始，Kevin 不敢置信，為公司做到健康出問題，公司卻因為他的健康問題，把他架空。

在內勤部門撐了幾個月，終於認清：公司到底是一場商業遊戲，員工不會被企業當成人，而是商業遊戲的小兵，在前線拋頭顱、灑熱血，辛苦付出最後只會化成財報裡的數字；小兵掛了？用完了？點幾下生成新兵，就重新補滿戰力了。

看清現實之後，體認到「工作應該圍繞著生活」，決定離開待了十幾年的雜誌社，自己開一間小規模公司。這間公司不追求高營收，而是一間「夠了」的公司：業務、營收夠了就好，讓員工能吃飽、存錢就好，員工越少越好、規模越小越好，最好能徹底實踐「一人公司」。我在公司幫忙那段期間，Kevin 五點半就會提醒大家快點完成工作，六點要準時下班，而他本人永遠是第一個離開公司的。

「我今天要去運動！」「等等買完菜我就要回家了。」「今天去認識新朋友。」

Kevin 離開辦公室前，都會開朗地向我們報告他今天要怎麼過生活（其實我不是很想知道老闆下班後要幹嘛），貫徹生活圍繞工作的理念。

工作永遠圍繞著生活

可口可樂總裁 Brian Dyson 曾在一場演講中說：

「想像人生就是不停在空中拋接五個球，這五個球分別是工作、家庭、健康、朋友以及心靈，你不能讓任何一顆球落地。你會發現，工作是顆橡皮球，如果掉下來，會再彈回去；其他四個球是玻璃做的，如果失手，將會有無法挽回的刻痕、損壞，甚至破碎。」

Kevin 告訴我，我被資遣，只是掉了會回彈的橡皮球，不像他為了工作，失手摔了健康這顆脆弱的玻璃球；他也告誡，不要把工作當成人生的全部，企業用人，只是為了幫老闆打仗、圓夢，為別人犧牲自己的家庭、健康、朋友和心靈，值得嗎？

如果你在工作選擇遇到了困難，先問自己：你想過怎樣的生活？你的理想生活是什麼？

就像作家劉揚銘說過的一句話：「工作永遠圍繞著生活，而不是反過來。」

你想做英雄，還是做將軍？

人生有很多憤恨不平的時候，我想你也經歷過：「為什麼我成績這麼好，錄取的卻不是我？」「為什麼我的業績這麼好，升主管的卻不是我？」

五年前被資遣時，我也問過自己：「為什麼我的工作表現很出色，被資遣的卻是我？」最近我聽到一個故事，竟然無意間回答了上面這些問題。

*

李廣是漢朝一位名將，神力無窮，能一箭把石頭射穿，打了很多次精彩的勝仗，還被匈奴人稱為「飛將軍」。聽到飛將軍的名號，匈奴人可是會抖一下呢。

諷刺的是，這樣的英雄沒有受到皇帝青睞，從軍四十幾年，始終沒有獲得升官封侯，最後含恨而亡。為什麼？

李廣有個傳奇的戰役，靠著猜心，不動一刀一劍就把敵人趕走，我們卻能從這場戰役，找到李廣不得志的原因。

有一次，一位軍營的文官帶兵外出辦事時，遇到三個徒步行走的匈奴士兵。這個文官趁對方人少又沒騎馬，下令襲擊對方，沒想到反被這三個匈奴人射傷。李廣聽聞，帶了一百士兵前去復仇，因為對方沒有騎馬，很快就追上了，也順利取下其中兩個人頭。

李廣下令繼續往前追擊剩下的匈奴士兵，卻發現大事不妙：前面竟然有上千匈奴大軍駐紮，是李廣部隊的十倍之多。士兵們看到了，當然想拔腿就跑，但是李廣卻胸有成竹，很篤定地要士兵繼續前進，一路前進到離敵人兩里遠的地方才停下來。不僅這樣，李廣還要士兵卸下馬鞍，就地度過一夜。敵人就在兩里外呢！

匈奴人看李廣這樣鬆懈，認為李廣是誘餌，後方必有漢朝大軍，匈奴人怕被騙，便自行撤退了。

*

很有英雄風範的戰術，對吧？不僅猜中敵人的心思，心臟也很大顆，膽敢眼前，以一百人的兵力，不動一根羽毛的把敵人趕走。

李廣在這場戰役中，增添不少英雄色彩，但這也是他終生未封侯的原因：李廣到底想做英雄，還是做將軍呢？

英雄和將軍，是兩種截然不同的身分。英雄只需要別人的崇拜和仰慕就能滿足，他們只為自己負責，常常遺世而獨立，所以英雄是孤獨的；但將軍不一樣，上有皇帝，下有士兵，還有許多一起平行合作的將軍。將軍的責任，是把自己縮到最小，和其他將軍合作，有效調度資源，且讓士兵心服口服、奮勇殺敵，共同完成皇帝的國家大業。

李廣做為將軍，不顧底下士兵的感受，命令士兵靠近數量多十倍的敵人眼前，還要求士兵就地過夜，這是不體恤士兵；身為將軍之一，他沒有主動通知軍營這突如其來的戰略，軍隊根本不知道李廣的位置，無法後援，只能原地乾等一夜，這是不懂得合作。

這場戰役，本質上是一場賭注——賭贏了，李廣自身的傳奇又添一筆；賭輸了，就是賠上一百多個士兵的性命。

而這只是李廣人生中許多次的打賭之一，如果你是皇帝，你會重用把軍事資源做為賭注的將軍嗎？

歷史告訴我們，皇帝不要一支獨秀的英雄，而是能識大局、有能力實現朝廷「最小損害」和「最大利益」的將軍。

李廣沒有看透這層差異，一生以英雄的身分，做將軍的事，最後鬱鬱不得志，在戰場上自己結束生命。

＊

「為什麼我成績這麼好，錄取的卻不是我？」

「為什麼我的業績這麼好，升主管的卻不是我？」

「為什麼我的工作表現出色，被資遣的卻是我？」

其實，不見得是自己能力不好，很大的可能是因為我們活成了一個李廣：想在將軍的位置當英雄。

英雄和將軍是兩條不同的路，沒有誰好誰壞，也會因為年紀或人生歷練而改變道路。但是我們應該要清楚，走在哪條路上，就要有對的期待，然後做對的事。

如果想當英雄，就為自己打造傳奇，但別期待得到將軍的報酬和賞賜；如果想做將軍，合作才是首要任務，千萬別期待聚光燈打在自己身上。

如果一下想當英雄，一下想當將軍，那麼你的人生道路，將會走得更加崎嶇費力。

打造自己的鐵飯碗

「中年失業」，是每個工作者聞之喪膽的四個字，你我應該都聽過類似的故事。

人力銀行前副總經理洪雪珍，在職場耕耘了三十年，好不容易坐上高階主管的位子。有一天，公司來了個新總經理，上任第一天把她叫到辦公室，一開口就說：「請妳做到明天。」

那年，她五十八歲。原本只要再工作五六年就可以開始領退休金了。

跟在中年失業後面的，是「年齡歧視」。光是掛在履歷上的年紀，就足以把一個人過去的努力全部抹除，不僅沒什麼公司願意面試，就算難得有面試，也只有被洗臉的份。

中年失業最可怕的是，上有老、下有小，肩上還有房貸、車貸，雖然急需工作收入，下一份工作卻處處碰壁。

你也不想變成這樣，對吧？

不想中年失業，一定要從現在開始就打造自己的鐵飯碗。不，我說的不是去考公務員，而是從現在開始，用宏觀眼光，培養長遠的「核心技能」。要了解什麼是核心技能，就要先看透職業的本質。

職業的本質，是「價值交換」

職業的本質到底是什麼？我近期聽到最好的詮釋，是從「個人」「組織」和「社會」三個元素去分析：

「個人」透過「組織」，和「社會」做價值交換，也就是說，我們透過公司，提供自身的價值給這個社會；很多個「個人」，在一個「組織」內，把價值放大，傳遞給社會，「社會」則用金錢來換取組織提供的價值；「組織」的產品和服務帶來「社會」的進步，進而有能力提供金錢、成就感、貢獻感等等的價值給組織內的「個人」。

簡單來說，職業就是「個人」和「社會」做一個價值交換的過程。

透過這個一來一回的流程，社會、組織和個人三方都能變得更好：社會將更加進步、更便利，組織可以從中獲利，而個人可以從職業中滿足生存需求，並且實現自我。

一個工程師，可以透過更簡潔的程式碼，提升軟體服務的速度，創造更便利的網路服務；一個行銷人員，能有效宣傳公司的產品和服務，提升消費者的生活品質；一個補習班老師，能把枯燥的知識變得有趣生動，提升學生學習意願。

問題來了：我們要怎麼保證現在有價值的技能，五年、十年後，或是自己邁入中年之後，還能繼續提供價值？

這就是核心技能的精神：發展一套無論趨勢怎麼變化，都能持續發揮價值的技能組合，也就是自己的「鐵飯碗」。

如何打造自己的鐵飯碗？

握得住鐵飯碗的人，會時時刻刻問自己：我的能力、我的貢獻，對這個社會還有價值嗎？

更新技術知識當然是必要的，但是隨著年紀增長，我們學習新技術的效益可能會越來越差，所以，核心技能不單指某一項技能，而是把你的技能，發展成一份可以垂直移動（跨階層）和水平移動（跨領域）的能力。

它混合了我們寫在履歷上、可以被衡量的硬技術，以及難以衡量的管理能力、溝通能力、同理心等軟知識。

比如說一位補習班老師，受到疫情影響，學生沒辦法來上課了，老師能多快做出應對、把線上課程發展起來？這就是考驗老師對新科技的適應力和執行力了。

比如一位行銷人員，熟悉各個網路新媒體之餘，能不能把經營新媒體的需求，有效率地和設計師、工程師或專案經理溝通？

相反的，如果一個工作者的眼光，只聚焦在眼前的職稱、**Offer**、年薪，那是非常危險的，因為他沒看到職業最重要的本質：和社會做價值交換。

現在他的技能，或許值得很高的頭銜、很高的薪水，可是五年十年之後，技術舊了、知識過時了、學習的速度跟不上了，而這五年十年，他一直沒有培養其他核心技能。他還能為社會貢獻什麼價值？

退一萬步想，如果你是老闆，你還願意用同等的薪水雇用他嗎？還是默默把他放到下一波的裁員名單裡？

擴大你看待工作的眼界，就是提升核心技能的關鍵。

中年失業之後？

最後，被高齡辭退的洪雪珍有找到工作了嗎？很可惜的，沒有，她沒能順利找到下一份工作。

但是，因為過去三十年累積的職場經歷和工作實力，她成為赤手可熱的作家、演說家，還當起老師，教導工作者如何開啟斜槓副業。她把自己的技能，水平移動到個人品牌領域，而且非常成功：出版超過八本書、指導超過兩萬名學生……。

她成功打造了她的鐵飯碗，即使突然被公司請走、即使遭遇中年危機，依然能繼續為社會貢獻價值。

為什麼工作沒有意義？

過去我在迷惘時期，曾經很疑惑工作的意義到底是什麼。我知道工作是為了讓自己有飯吃、有地方睡，但如果做一份基層工作就能滿足這兩個條件，我們為什麼要追求升遷、追求薪水、追求名聲更響亮的企業？

可能是因為我不知道自己的興趣是什麼、找不到可以發揮的熱情，也可能是因為我沒有願景，對未來沒有目標……所以才提不起勁工作。

不知道你是不是跟我一樣，把迷惘和找不到工作意義的責任，歸咎在自己身上？

雖然說個人缺少目標，會讓人找不到工作意義，但中國的組織行為學教授李育輝認為，外在環境的影響比個人迷惘更大。他提出了兩個環境的變化，如何影響我們的工作意義感：

職稱離主流認知越來越遠

隨著網路的興盛，我們邁向了一個「職業繁榮」的大環境，催生許多二十年前根本不存在的工作。

因為職業繁榮的社會分工非常細、太多新產業誕生，我們有時很難向別人解釋工作內容，不像過去的職業：老師、警察、建築師，一講出口，別人腦海裡就立刻有你在工作的畫面。

例如數位產業中，一個 App 是工程師、設計師和產品經理共同努力出的成果，可是外界可能會認為，做一款 App 全是工程師的功勞，這對設計師和產品經理來說，不容易感受到自我工作價值，也找不到工作的意義。

職業階梯的消失

二十年前的工作，整體來說是循著一個大家心中都有譜的階梯，一步一步向上。但是現在的工作，是一條往上的曲線，沒有明顯的節點。

以教授這個職業來說，從講師為起點，接著是助理教授、副教授，最後以教授做為學術職涯的最終目標，一個人的職稱是助理教授還是教授，決定了他在我們心中的位置。

隨著職業繁榮起來，大家對這個階梯越來越沒有共識，我們常常聽到同樣的工作內容，在 A 公司被稱作經理，在 B 公司卻只是專員，怎麼你的經理和我的經理好像不太一樣？

而且現在有越來越多公司追求組織扁平化，美國有的公司甚至完全拿掉職稱，全體員工沒有高低之分，所有人都是公司的「員工」。

這讓我們很難看到工作未來的成長是什麼樣子，如果再怎麼努力都無法升遷、無法從職稱來提升社會地位，為什麼還要努力呢？失去短期可努力的目標，會讓人覺得工作沒有意義。

總結來說，人是群居動物，我們透過別人的評價來定義自己，而工作占據人生三分之一的時間，別人如何評價我們的工作，就在「認識自己」中，起了非常大的作用。當別人無法準確評價我們的工作時，便讓我們失去工作的意義感。

我想送一句話給覺得工作沒意義的你：

”

「人不會踏進同一條河流兩次。」

——赫拉克利特（Heraclitus），古希臘哲學家

這句話說的是，因為河水是不停流動的，當你在不同時間點踏入同一條河，踩到的水已經跟上次不同了。

人生有很多時候，看起來都在白費工夫、一成不變、毫無進展，但是生命每一刻都是獨特的，沒有一刻會重複。

如果覺得自己每天日復一日的上班下班，請記得自己每天都有在工作上學到一點什麼，即使今天只比昨天成長百分之一，一年下來會成長三十七倍。

如果一直找不到喜歡的工作，每到一份新工作不久就離職，請別忘了，這次離職已經比上一次更認識自己，更知道自己「不想要」什麼。

河水不停向前，時間不停流動，你也是。

找到錢多事少離家近的工作，人生就幸福了嗎？

如果可以輕鬆，誰想要忙碌？

但是，太輕鬆的工作，是好事嗎？

我曾經收到一個留言，大意是雖然現在的工作很輕鬆，但還是很不快樂。我們都以為，只要找到錢多事少的工作，人生就幸福了，但很顯然的，實務上並不是如此。為什麼錢多事少的工作不會讓人快樂？我認為有兩個原因：得不到成就感，以及工作缺乏意義。

你應該聽過經濟學之父——亞當史密斯吧！工廠生產線的概念便是這位大叔提出的。概念是這樣的：

假設有一間鬧鐘工廠，組裝出一個可販售的鬧鐘，需要十二個步驟。他的理論是，一個人只專注一個步驟，比起一個人做十二個步驟來的有效率，這個理論就是現代工廠生產線的起源。然而，關心勞工的馬克思，也就是共產主義那位，則反對亞當史密斯的效率說。

只負責鎖鬧鐘指針的螺絲，是很簡單的工作吧？但是一天鎖幾千個螺絲，你會在意鬧鐘成品的品質嗎？你會感到快樂嗎？相信你只感到消耗能量，不被當成人，而是一個沒有感情的機器；如果鬧鐘從頭到尾都由你來組裝，你會更聚焦在如何組裝更堅固、更完美的鬧鐘，在過程中逐漸進步，你便從工作中得到成就感和快樂。

無法給你成就感的輕鬆工作，會產生無價值、可有可無、取代性高的低落情緒。

也許你會想反駁我：不會呀！我看朋友工作很輕鬆，但他還是蠻快樂的。

我想那是因為，他有找到工作的意義。

工作的意義是什麼？如果有一個光譜，兩端分別是有意義/缺乏意義，我的朋友 Ruby 和 Sunny，就分別在光譜的兩端。

Ruby 生於公務員家庭，雖不富裕，但也不愁吃穿，在父母的建議下，同樣從事公務員。Ruby 和父母同住，沒有學貸，也沒有房租壓力，更不想結婚生小孩，有了小孩，就剝奪她每年出國兩次的計畫了。

我每次見到 Ruby，總會有一段時間得聽 Ruby 抱怨工作：「工作真的好無聊，好想離職！」「主管好討厭！」「我覺得每天都在浪費生命！」……

另一位朋友 Sunny 的家庭並不富裕，她夢想在市區小巷擁有一棟透天別墅，可以和家人一起生活，所以她在職場努力，期待工作越換越好、薪水越來越高，早日實現夢想。

雖然工作很忙很累，上班也有很多鳥事，但是 Sunny 的每一天都是踏實的，也感謝這份收入投資他的夢想。

你看出來這兩個人的差異了嗎？Ruby 賺來的錢，不知道花在哪，而 Sunny 的薪水，用來實現夢想。

工作剩下來的錢，你用來做什麼？

我們工作基本上都是為了錢，但你賺來的錢，除了支付吃飯、水電、房租，剩下的錢用來做什麼？這個「做什麼」，就是你有沒有給工作賦予意義的關鍵。

沒有目的的工作，就變成像 **Ruby** 一樣，只能用來提升物質生活，吃好一點、買衣服不看標價、一年出國幾趟，甚至滿足一些「感覺」：有收入就有安全感，用收入高低來展現成就……等等。然而，賺得再多，卻不知道為什麼而工作，等於把最寶貴的時間資產大把大把的丟到水裡。

工作對你的意義是什麼？如果你為了錢工作，你是想買房子？累積創業基金？還是想要環遊世界，收集每個國家的明信片？有很多錢之後，你想拿這些錢做什麼，才是你真正想要的東西。

也許你工作不為錢，而是為創業鋪路，職場就是你磨練專業、累積人脈最快速的地方；或者醉翁之意不在酒，上班為了交朋友、找飯票，也不是不行呀！

想要有快樂充實的人生，找一份錢多事少的工作不是解方，而是一份給你成就感、對你有意義的工作，讓你投入的時間發揮最大價值，才是關鍵。

”

「你們的時間有限，不要浪費時間活在別人的人生裡。」

——史蒂芬・賈伯斯Steve Jobs，二〇〇五年史丹佛大學畢業典禮演講

如何創造工作的成就感？

之前曾做過一個調查，工作有沒有成就感，是工作滿意度的關鍵因素之一。

成就感的來源可以是「硬的」：談下一個百萬大案，完成一款軟體開發，行銷活動轉單率超高；也可以是「軟的」：被主管公開稱讚，客人特地打客服稱讚你的服務，同事直接告訴你「你很可靠」。

可惜的是，有些工作就是難用數字衡量，公司也沒有正向回饋的機制，因為他們還沒意識到成就感對員工的重要性。

我的諮詢個案丹尼現在的 PM 工作，就是負責收集並釐清客戶需求，轉換成開發人員聽得懂的語言，然後確保開發節奏跟著節拍器走，如果落拍了要趕快回到正軌。

這樣的工作，要怎麼衡量好與壞呢？

丹尼在小公司任職，沒有完善考核制度，主管個性也急躁，一有不滿就馬上開罵，身為一個專案代表，丹尼常常被罵得滿頭灰。

於內、於外，丹尼都很難從工作中得到成就感，數度懷疑自己轉職決策是否失敗，是不是根本不適合 PM 工作，是否要重新再念一個學位……等等煩惱，不斷纏著他。

請你一定要記得一件事：公司沒有創造成就感的義務！

上班只是是一種交換關係，公司出錢，你出時間和專業，僅此而已。公司該給你的只有薪水，和工作需要的道具：桌椅、電腦、計算機和文件夾。

至於其他的挑戰、自主權、歸屬感、意義感、學習資源和成長，公司沒有義務給你，如果有給，代表公司重視人才；如果沒給，請自己想辦法。

找不到成就感？你可以這麼做：

◆把待辦事項用紙筆寫在筆記本上，完成後用力劃掉，這在視覺和肌肉上可以創造成就感。

◆每天花五分鐘寫工作日誌，紀錄三件今天工作上學到的事，並定期回顧，你會發現自己每天都在成長。

◆為自己可掌控的工作設定可衡量（measurable）的目標，例如今天要完成三份規格文件，聯繫上兩家廠商，讓進度可量化。

◆主動詢問主管或同事，這次專案有哪些做得好的地方？你的工作表現有哪些值得讚許的地方？別人的稱讚是威力最強的成就感炸彈，但一般來說，公司會花很多時間事後檢討，吝於稱讚。

尋找成就感就像在全是藍色的球池裡，尋找白色的塑膠球。有些工作自帶比較多白球，隨手一撈就有；有些職位的白球就跟日本壓縮機一樣稀少，但不代表白球不存在。公司給的，感恩戴德；沒給的，自己找吧！只要用對方法，你會發現白球從一開始就黏在你身上。

3

建立自信，從低谷爬起

當你放下比較心態，你會明白：
別人的成功，不一定是自己想要的成功。

撕下「二十八歲百萬新創公司主管」標籤

「木木，我真的很羨慕你知道自己想要什麼！每次看完心靈勵志的書，都覺得正能量爆發，但是下一秒，只要身邊有人提到買房、看到別人在臉書上分享工作成就，或是朋友間相互比較存款、誰的伴侶經濟實力比較好……，正能量又瞬間蒸發了。難道追求想做的事，只是天方夜譚嗎？難道找尋自己的天命，只能是童話故事嗎？」

其實，我並非被雷打到、突然想到自己想走寫作這條路。經歷職場快速上升期，在高處踢到鐵板、因被資遣而跌落深淵，一直到找到自己的路，我最大的體悟是：要找到自己真心想做的事，關鍵是「放下比較心態」，唯有停止和別人比較，才能聽見內心真正的吶喊。

該如何放下比較心態？我經歷了以下三個階段：

階段一：認知到「事情不是你想的那樣」

當主管給我的體悟

二十八歲那年，我第一次體驗到三十歲前當上部門主管的風光——薪水足足漲了三成、手下多了一群小夥伴，每週直接對老闆做部門匯報，彷彿也加入了商業雜誌最愛寫的「三十歲功成名就」俱樂部。剛升職的時候，我真的覺得自己走路都有風，而且是颶風級的那種。

但幾個月之後，我發現：當主管，並不像商業雜誌寫的那樣風光。

主管會議太多，上班時間都在開會馬拉松，自己的工作只能下班後做；主管不光要持續進修自身專業，還要花很多心思處理複雜的人際問題：屬下覺得我處事不公、公司制度不合理、不願配合團隊工作進度。

下班後，我不是身體還在工作，就是腦袋還在工作：我該怎麼讓團隊吞下老闆突發奇想的隕石？如何在不傷害團隊士氣的情形下，提醒不配合的夥伴？如何在老闆和夥伴之間，當一塊稱職的夾心餅乾？

漸漸的，我的健康狀況越來越差：失眠、焦慮、情緒不穩、經常感冒。那些最愛吹捧成功人士的商業雜誌，怎麼沒告訴我成為三十歲 CEO、三十歲百萬年薪、三十歲美商主管的副作用啊？

當了主管後，我最大的體悟是：看似美好的事情，其實不是你想的那樣。

社群濾鏡效應

行為經濟學家證實，快樂是比較出來的：當我有一個東西，你沒有，我立刻就從比較中得到優越感。網路和社群媒體的普及，推升了這種「優越感」的需求，所以人們只在社群媒體上分享好事，不分享壞事。

我的朋友 A，週末總愛在限時動態分享今天又去吃了哪家新餐廳，拍拍精緻餐點、點評一下口味，順便貶低其他名氣店家，彷彿只有造訪沒人知道的私房餐廳，最好還是預約熟客制，才是懂得品味生活的質感都市人。

如果只看他的 IG，你會以為 A 是個有錢有閒的美食家，但你看不到的是，A 因為過度消費，屁股後面總有一筆還不完的卡債，而他從來沒在 IG 上提過這件事。

我們被別人的「好」淹沒，也因為自卑而更焦慮，但當舞台上的主角，在白色聚光燈下展現成就時，坐在觀眾席的我們，看不到主角背後的陰影。光線越強，主角的陰影也越深。

從不長的主管經歷，我學會了，當別人大聲宣布他買車買房、工作成就、炫耀伴侶的經濟實力時，他不會告訴你：「風光背後，其實我過得也蠻慘的（或者說，也有一些你意想不到、十分辛苦的付出乃至犧牲）」。

事情不是你想的那樣。

階段二：切割別人的期待

體認到濾鏡效應之後，第二個階段是開始練習個體心理學家阿德勒所提倡的「課題切割」。

擔任將近一年的部門主管，老闆對我力不從心的領導表現不滿意，把我開除了。對還戴著比較心態眼鏡的我，被資遣是何等恥辱的事情！我的職場成績單每一科都拿 A+，最後卻被蓋上一個大大紅色的不合格印章，所有的努力都被否定了。

被資遣的那段時光，是我人生中最低潮的時候。為了排解低潮，我讀了《被討厭的勇氣》，接觸了阿德勒的「課題切割」學說，成了擺脫比較心態的關鍵拼圖。

課題切割：為自己畫出防線

阿德勒主張，人生所有的煩惱與痛苦，都來自人際關係。人類天生就想被別人認同，所以我們會為了滿足別人期待，付出異常的努力。

社會已經習慣為別人貼上標籤，模範生就是成績好、當班長、老師喜歡的人才能選上；唯有收集百萬年薪、外商工作和主管職的徽章，才能披上「人生勝利組」的戰袍；媽媽就應該要有八隻手，可以邊洗衣、邊掃地、邊安撫孩子，再伸出兩隻手準備晚餐。

但是，要不要當模範生、要不要當人生勝利組，都是自己的選擇，以阿德勒的話說，那是個人的「課題」，莫須有的標籤、社會對我們的期待、買房、存款、經濟實力、工作成就，傳統上對「成功」的定義，通通都是社會價值觀踩線干涉我們的人生課題。

而我們為了想被認同，選擇放棄傾聽自己的內心，追隨社會的期待。

把阿德勒的課題切割，濃縮成一句話，就是：「誰要承受選擇的後果？」如果承受後果的人是你，那別人就絕對不能左右你的決定，連你的父母都不能。

明明不想考公職，父母卻逼你去考，父母會承受選擇公職的後果嗎？很明顯的絕對不會，此時父母就干涉你的課題了。

拔掉胡蘿蔔

被資遺之所以讓我痛苦，是因為我無法滿足社會對「成功人士」的期待，在職場成績單上多了一條不良紀錄。但是我並不想要為了成為成功人士，犧牲我的個人時間和身體健康啊！

要能找到自己想要什麼，學會課題切割是非常關鍵的一步，如果不懂得切割課題，沒有為自己畫上防線，我們就會忘了還有其他路可以走。

唯有拔掉別人掛在我們眼前的胡蘿蔔，才看得到胡蘿蔔之外的其他選擇。

第三階段：尋找自己「可能」要什麼

當我把過去別人塞進我腦袋裡的期待排掉，我成為一塊新的海綿，準備好接收全新的視野。我知道：想要什麼，不會拍兩下手就憑空變出來。你得先知道世界上還有某種生活方式的存在，才能判斷自己想不想要，沒有看過釣魚竿的人，怎麼知道自己喜不喜歡釣魚？

所以我開始大量閱讀：理財書、勵志書、小說……等等，探出「可能想要」的生活，再深入了解這些「可能想要」，逐漸描繪出理想生活的草稿。

走到這一步，他人期待和比較心態，隨著我的蛻皮，一起被離開我了。沒有這兩條綁在心上的繩索，重生的我才能好好坐下來，聽聽內心的我到底想說什麼。

後來，我看到朋友在 IG 分享精緻美食、高級餐廳的質感都市生活，我會想到他其實正在做金錢的奴隸，上班很辛苦吧？

臉書朋友分享他拿到歐洲永久工作簽，我會想：真偉大，願意放棄台灣的家人、朋友、便宜美食和健保，一個人在國外生活，不是想像中那麼輕鬆……

看到部落格經營比我好的作家、跟我同年紀買房的朋友、投資賺錢的人，我會思考自己能向他學習什麼？

這樣算是放下比較心態了嗎？我不知道，但是看到過得比我好的人，我不會再說：憑什麼？

別人的成功，不一定是你的成功

被資遣後，我在下一份工作的表現還算不錯，不過某次和部門大主管面談時，他覺得我的工作態度不夠積極。而所謂的不夠積極，是沒有和其他同事一樣，主動加班、工作到半夜、不和同事一起吃午餐。

他說：「如果你能和其他同事一樣，以你的資質，在我們公司其實可以很成功的。」

我反問他：「什麼是成功？」

他有點驚訝，愣了一下：「嗯……是啦，每個人對成功的定義都不一樣，不過我覺得……」

後面大主管說了什麼我不記得了，我只記得當下我看著大主管的嘴巴在動，卻被我按了靜音。

那一刻，我學到了：對現在的我來說，升遷、賺錢、在職場上呼風喚雨，已經不是我的成功了。

當你放下比較心態，你會明白：別人的成功，不一定是自己想要的成功。

解放自己的心吧！

別人的薪水總是比我高，怎麼辦？

我是一個對生理變化很敏感的人，尤其生理期前，我常常處於厭世狀態，沒有動力、全身懶洋洋的，什麼都不想做。

這段期間，我會有種無法好好放鬆的罪惡感：別人都在努力工作，我是不是不該休息？別人的部落格、電子報經營的這麼好，我現在放鬆是可以的嗎？

這讓我想到，很多人都跟我說過一樣的煩惱：雖然現在工作收入還可以，看到朋友更傑出，就覺得很沒自信。

你有成就焦慮嗎？

我遇過很多案例，他們大概三十多歲，人生和工作其實都過得很出色：有很好的學歷、做著別人羨慕的工作，而且自己也很努力。

可是他們都有一個煩惱：看到朋友圈裡有人年收兩百萬、五百萬的突破，出國次數更多，比自己更早買房、買車，就覺得自己很沒用，永遠追不上……

他們也都知道，要改變現況就要採取行動：換工作、換產業，但光是重新適應環境就很累了，更何況換跑道從零開始？

再加上，三十歲的人開始要面對結婚、成家的壓力，職涯一百八十度大轉彎又不見得會成功，已經沒有多少時間資本可以試錯了，最後他們就困在一個「想走走不掉、想變變不了」的困境中，明明他們是如此優秀。

這就是「成就焦慮」：永遠覺得自己不夠厲害。

以前的我也有嚴重的成就焦慮，我政大畢業，工作能力受到肯定，但我還是覺得自己不夠好，嫉妒薪水比我高的同事，後悔當初沒念資工、當工程師，覺得人生徹底走錯路。

成就焦慮的原因

成就焦慮最可能的成因，是來自於原生家庭的期望。

你的爸媽可能非常關注你的學業和事業，因為子女如果成功了，爸媽可以大幅減少自身的焦慮。以前我班排超過十名，回家可是會被棍子和衣架伺候的。

從小被逼習慣的我們，就自動把原生家庭的期待，延伸到整個人生：學業要突出，事業要有成，家庭要美滿，才是「好」的人生道路。

我們追逐著沒有盡頭的終點，其實都在試著滿足父母的期待，儘管自己沒有意識到。

行動無法解決焦慮

你可能覺得自己成就不夠高，那就採取行動，去追求更高的成就、更多的收入啊！

行動沒有不好，只是這樣始終無法從焦慮的輪迴中跳脫出來，因為行動的出發點始終是「比較」，唯有比別人優秀，才能肯定自我價值。

比較是沒有盡頭的，我們以為自己碰到了天花板，對別人來說卻是地板，且對他們來說，還有更高的天花板要追求。

我的五個焦慮轉念法

我認為「轉念」才是根治成就焦慮的最佳方法。分享五個我面對成就焦慮的轉念法，雖然看起來有點阿Q，但這些想法讓我成功放下焦慮：

1. 每個人都有自己的人生課題

聚光燈越強，背後的陰影越濃。每個人都有說不出口的煩惱，當你看著別人光鮮亮麗、功成名就，他煩惱的可能是你不想要的，例如家庭失和、健康亮紅燈、缺乏真心友誼……沒有一個人生是完美的，每個人都有自己的人生課題要面對。

2. 成就不是只有錢和權

我們很常從收入和職位來判斷一個人的成就，因為這是最簡單、看得見、可以量化的指標。然而成就不只這些外顯條件，還要考慮更多內在條件，例如心情平靜的程度、時間的品質、整體生活的滿意度，都是組成人生成就的條件。

我們很難從外在判斷這些內在條件，因此這些內在成就總是被忽略，連帶也影響判斷自我的能力。

3. 別人根本不在乎你的成就

人只在乎自已，被你拿來比較的人，根本不在乎你的成就，因為和你一樣，他們正忙著和更厲害的人比較。

4. 取其精華而自用

強者之所以強，一定有其過人之處，你羨慕的人，有哪些值得你學習的特質？

5. 世界很大，我們只是一粒沙子

真的很煩惱的時候，我會看太空飛行的影片。

透過太空人的鏡頭回望地球，地球上的我們，都只是宇宙中的一粒沙子，現在煩惱的人生問題，對宇宙、對這個世界完全微不足道。

到了生命的盡頭，成就、收入、強者，這些其實一點都不重要了，而是誰會在你身旁，陪你走完人生最後的道路？

學會與成就焦慮共處

不過，即使我現在已經不迷惘、很確定自己的人生目標，偶爾還是會成就焦慮，當我看到自媒體經營出色、收入很高的人，還是會自我懷疑一下。

但我很快就能轉念，我會看見對方的優點，也會思考對方可能面對哪些我不想面對的煩惱，更珍惜自己已經擁有的。

我想，只要一個人還有慾望，成就焦慮就會永遠伴隨。我們很難消除慾望、消除焦慮，學會與之共處，是每個人都要面臨的課題。

”

「一個人可以透過改變態度，改變他的未來。」

——歐普拉，美國知名主持人

容許自己不夠好，人生會輕鬆很多

李玟離世的新聞，真心讓我嚇了一跳。

我姊姊是李玟的大粉絲，從國小開始就熱愛李玟，她剪下每一篇李玟的報紙新聞，小心地貼在本子裡收藏，跑了每一張專輯的簽唱會，幾年前還為了和李玟合照，不惜動用人脈，讓我姊在某次活動時，可以到後台親自握著李玟的手合照。

「我這輩子再也不要洗手了！」她在家族 Line 群組激動大喊。

雖然我不太聽流行音樂，但在我姊的耳濡目染下，李玟的金曲串燒我也是能跟著唱的，愛你是我的自由、Di Da Di、好心情，哪裡該轉音、哪裡該漸強，都有八成掌握度。

李玟的人生我也略知一二：香港出生、移民美國、稱霸華語歌壇、美國出道、幸福嫁作人妻，淡出大眾視野後，又在中國的實境節目復出，獲得不少聲量。

總之，我知道李玟超努力，也以為李玟已經獲得了她應得的幸福人生。

你怎麼能跟我說，她輕生了呢？

讀了幾篇新聞後，才知道李玟這幾年過的並不好：丈夫頻頻外遇，身體狀況不佳，腿傷、罹癌、憂鬱症。這些消息，就連大粉絲如我姊都不清楚，可見李玟並不想讓外界知道她的狀況。

我曾在《做自己生命的主人》讀到一個名詞：名人文化。如果你想要一個東西，就要用自己的力量得到，如果辦不到，那就是你不夠聰明、不夠努力、不夠漂亮。

而社群媒體更把名人文化濾鏡開到最強：大家都過著工作滿意、收入穩定、感情美滿、幸福快樂的生活，除了你，因為你不夠聰明、不夠努力、不夠漂亮。

我想李玟身為名人，一定承受更巨大的壓力，身為名人和完美的化身（對我姊來說，李玟就是完美），方方面面都必須完美呈現，我不能失婚，不能生病醜陋，我不能過氣……所以我要像個戰士，戰勝這些困難，才對得起名人的地位。

但是我們時間有限，體力、精力、情緒和適應力也都有其極限，這些都是人生重要的油箱，如果已經把油箱大量投資在事業上，勢必會犧牲一些東西，這些東西一定沒辦法完美呈現的呀！

當心靈和情緒的油箱耗盡了，還企圖全力踩下油門，創造幸福的完美人生，車子只會從內部開始損壞。

所謂的幸福，不是人生過的多完美，而是「容許自己不完美」，我們不用每樣都做到A^+，A^- 或 B^+ 就可以了，最重要的是不要耗盡油箱，不要讓自己燃燒殆盡。

企業要永續經營，人生更是需要長遠考慮。創造自己的幸福時間，即使在人生黑暗時，也能保有一絲曙光。人生不會每一分都很幸福，擁有自定義的幸福時間很重要。

很多人所謂的追求幸福，是希望大部分時間都很快樂，但是人生一定有起有落，追求每一刻都很幸福，就像強迫不許海浪翻騰、不許天空下雨、不許樹葉掉落，那得消耗多少能量才做得到啊！

《做自己生命的主人》作者霍華教授不期望每分每秒都很快樂，但是他希望每天都有一段快樂的時間，即使是人生最低潮、最黑暗的時刻，只要和家人通個電話、和毛孩玩耍一下，或是一個人出門散散步，就能重回幸福人生的水位。

所以，我覺得每個人都要設定一個自定義的快樂時間，對我來說，重訓就是我的快樂時間。

在運動的世界中，我不需要跟人比較，就算文章沒幾人按讚，賺不到幾塊錢，小孩晚上哭到掀翻屋頂，在健身房的我就是我，我只跟上次的自己比較。我可以明確感覺到自己在進步，做的重量或組數增加了，我輕易抬起長輩拿不動的袋子，我的肩膀線條越來越好看；運動後的腦內啡讓我快樂，大汗一場後，沖個澡的清爽感無可比擬。

人生有很多無法控制的事，我們卻老是讓這些不可控的事，控制我們的心情，太不划算了吧！不如逆轉過來，控制自己的雙腳走向健身房，控制扛在肩上的槓片要放幾片，讓這些可控的事情，來控制自己的心情。

你的自定義快樂時間是什麼呢？跟我一樣是運動，還是喝杯飲料，發個呆？如果你還沒有自定義快樂時間，試著找出來吧！

「你的人生想要什麼都能擁有，但別急著現在全部都要。」

——霍華・史蒂文森，《做自己生命的主人》

怎樣的學經歷才算是「夠好」？

有一次，我進行了一場諮詢，諮詢者是 **Ian**，三十歲，因為受傷必須接受治療，暫時離開職場。

他在諮詢中重複表達對職涯的焦慮：自認履歷很普通，離開職場超過半年，年紀偏大（哈囉，也才三十出頭耶！）很擔心銜接不回去，沒有人要錄用他。

總之，話題不斷圍繞在「覺得自己不夠好」。

其實，**Ian** 是資管專業，不僅有能力獨自開發程式，又有直接面對客戶的經驗，本身並不排斥工程類工作，休養期間也自行精進專業。要專長有專長，要興趣有興趣，我看不出來 **Ian** 哪裡不好。

我反問 **Ian**：「既然你覺得自己不好，那怎樣才算『好』？」

Ian 不確定地說：「應該比別人有更好的學歷，更亮眼的工作經歷……之類的吧？」

「不對，『好』不是跟別人比較出來的。」我斬釘截鐵地告訴他。

什麼是卓越？

還記得資遣我的那份工作，最常用來激勵員工的一句話是：追求卓越。

我身邊的同事不是台大，就是清交（我畢業的政大還是少數）；Google 是我們的典範，書架上躺著 Facebook 工作術，Steve Jobs 被我們視為神；我們熱愛學習，下班後爭相進修，就怕被別人搶先一步。

辦公室明亮的落地窗，象徵我們比別人更透明，無間隔的大型辦公桌，象徵我們比別人更有彈性，我們要比別人更聰明、思路更清晰、做事更高效，每項工作都能像打網球一樣精準出擊。最重要的是，我們的薪資水平比同業更高，讓我們可以「卓越外顯」：手拿最新 iPhone，一年刷好幾張機票，在壽司師傅面前觀察職人手藝。能待在這種卓越的環境，還能被提拔為主管，我非常驕傲。

二〇一八年，我被公司資遣了。當時有多驕傲，被資遣時就有多失落。我不斷告訴自己：「我不夠好，不夠卓越，沒有資格再和這群人一起工作了。」之後，這份失落和自卑一直跟著我，我不再和前同事聯絡，取消追蹤他們的臉書和 IG，以免再度被提醒自己不夠卓越。

二〇二三年，我在書上看到美國作家馬修肯特（Matthew Kent）提出對卓越的定義，才知道自己一直都很卓越：

”

「卓越和平庸的差別，並非和別人比較。所謂卓越，是指你有沒有百分之百發揮自己的潛力，而平庸是指，任憑自己的潛力隨著時間枯萎。」

——馬修肯特（Matthew Kent）

我想到，每一本我讀過的書，每一堂我上過的課，每一次為解決問題而皺的眉，每一次為開拓人脈開的口，都是我卓越的證明。卓越，不是你得到什麼「結果」，也不是你處於什麼環境，而是你盡全力爭取結果的過程。人生要努力的，從來都不是更高的職位、更好的薪水、更漂亮的履歷，而是為了成為更好的自己，所付出的過程。

真正的卓越，不是和別人比較，而是比昨天的自己進步一點，就夠了。

你不是沒有專長，而是被這個社會遮住了

你覺得自己沒有專長嗎？在人生研究所的來信裡，「覺得自己沒有專長」是前五個最常被提到的問題之一，比如：

「學歷不好，大學又都在混，沒有培養專長，不知道能找什麼工作？」

「不想再繼續現在的專業，可是也沒有其他專長，想轉換跑道又不知道能跑去哪，怎麼辦？」

「過去一直都是做行政工作或服務業，沒有專長，已經三十、三十五歲，來不及再去學新的技能了，怎麼辦？」

你有沒有想過，你是真的沒有專長，還是「以為」自己沒有專長？

讓我講個莊子與惠施這對好兄弟的故事。

莊子不認同「沒專長」

戰國時代，魏王送給惠施一些特別的種子，可以種出半個人這麼高的超大葫蘆。雖然這些種子很特別，但是惠施發現這些大號葫蘆根本沒什麼用，既不能當水壺隨身攜帶，剖開當勺子又太大，惠施很是氣惱，把葫蘆種子丟在一邊。

有天，莊子來拜訪惠施，問惠施那些大葫蘆在哪？惠施說，那些大葫蘆一點用都沒有，被我丟在外面了。

莊子很可惜的說：小葫蘆的確常用來裝水，但大葫蘆不見得一定要拿來裝水啊！比如說，你可以把葫蘆綁在身上，葫蘆裡的空氣可以讓你浮在水上，在水面悠遊不是一大人生樂事嗎？

惠施一聽，覺得很慚愧，因為他從來沒有這麼想過。

專長，不只是履歷上的一行字

到底什麼是「專長」？這個社會已經幫我們定義好了：你的實力要能被衡量，要有分數、有成績、有獎狀，說得出你能裝多少水、怎麼裝，才能證明你是有實力的。於是，專長漸漸變得技術導向：例如：「我會寫程式，我會哪幾種語言？」「我會行銷，曾經規劃七百萬預算的案子」，或是「我會畫畫，得過美術大獎」。

但是專長一定要被衡量嗎？沒有衡量標準的能力，就不能算專長嗎？社交能力呢？創意呢？觀察力呢？組織資訊的能力呢？這些都不能被當作專長嗎？

莊子已經告訴我們答案，葫蘆不一定只能裝水。只要摘下專長的有色眼鏡，處處都是專長。

如果你很會在菜市場攤販搏感情，每次都送菜又送蔥，那你很善於交際和說服；如果你可以仔細又耐心地把每件衣服摺成一張 A4 紙，有稜有角又一樣大，代表耐心是你的專長；和朋友聊天時，總是可以想出超級貼切的比喻，讓人一秒理解你的心情或想法，創意與聯想或許就是你的專長；還有很多例子……你很會整理文件，用獨特的方式收納所有行政文件，找文件總是做得又快又好，也許你善於統整與建立系統；遇到挑剔又囉嗦的客人，總是有辦法巧妙地用言語安撫客人，可能你有很強的觀察力……

「隱性專長」為職涯加分

如果你覺得自己是沒用的大葫蘆，不妨在工作和日常中觀察自己的「隱性專長」，哪些工作項目總是讓你全心投入、忘了時間？哪些事情經常得到別人的稱讚？有哪些事情你做起來輕鬆不費力，卻可以做得比別人還好？

先了解自己的隱性專長，再思考適合往什麼方向走，將能讓你事半功倍。所謂「往什麼方向走」，不見得是換產業、換工作，你也可以在原有的工作中，發揮自己的隱性專長，做出可以被衡量的成績，重建工作成就感，為自己的職涯加分。

總之，千萬不要妄自菲薄，你不是真的沒有專長，而是「以為」自己沒有專長。世界這麼大，一定有你能發揮長才的地方！

”

「每天比昨天進步百分之一，一年後，你會進步三十七倍。」

——詹姆斯克利爾，《原子習慣》作者

如何不在意別人眼光？
——三個方法，幫你找回自主權，勇敢做自己

自從被資遣、重新再出發，我花了很長一段時間，思考自己的職涯發展。我發現自己非常在乎別人怎麼看待我的工作：公司夠不夠有名？薪水夠高嗎？工作是否太基層，不適合我的資歷？這個職位講出去會丟臉嗎？就這樣猶猶豫豫，一直覺得會有更好的機會，拒絕了好幾個 **offer**。

結束了第十二次的面試，我感到一陣疲憊——我問自己那麼多問題，竟然沒有一個是「自己喜不喜歡這個工作？」怎麼都是別人怎麼看待我？我才發現，我已經困在別人的眼光中。

為什麼我們那麼在乎別人的眼光？

想擺脫別人眼光，就要知道我們為什麼那麼在乎別人。在意他人眼光的問題核心，來自於內心的「不確定感」：我做這個決定，到底正不正確？好不好？

為什麼對自己那麼不確定？有三個原因：

1. 無法肯定自己

相信你我都是在負面式教育裡長大的：「你再不聽話，我要叫警察來抓你囉！」「沒考一百分，少一分打一下」……。當父母、師長習慣以負面言語控制孩子符合自己期望，孩子就無法得到成就感和自信，不管我們多努力，都沒辦法得到稱讚。

然而，沒考一百分，就代表已經唸進去的八十分都是錯的嗎？我們在只論結果的社會風氣中，漸漸失去肯定自己的能力，轉而依賴別人的意見，來確定自己「可能」做了對的事。

2. 不夠了解自己

亞洲教育不鼓勵探索自己，也不教導哲學思考，才會有那麼多人不知道自己喜歡什麼、想要什麼。當目標不明確，就沒辦法定義決定的好與壞、適合不適合：當你拿到一張地圖，不知道目的地是哪裡，怎麼知道要走哪條路？

因為不知道什麼才是「好」「適合」的決定，就從別人的反應來判斷吧！如果選擇這個科系，爸媽覺得有前途，可能就是對的；如果選擇這個 offer，可以讓別人有「哇！好厲害！」的反應，那可能是個不錯的決定。

3. 想被認同是人類本能

人類是群居動物，一群人聚在一起生活才能提升存活率，因此「想被認同」「被社群接納」的特徵，被刻印在人類 DNA 裡。為了得到認同，我們無時無刻不在意別人怎麼看自己、是否順利被別人所接納，融入群體。

這三個原因導致的不確定感，讓我們始終在滿足別人的期待：父母的、老師的、朋友的……，因為太在乎別人的看法，讓我們失去自我的主導權，也讓我們在面對人生重大問題時，遲遲無法跨出下一步。

過去發生的事情已經發生了，我們無法改變已經發生的事情，但我們可以改變現在。

如何不在意別人眼光？

不想被他人意見左右，就要練習把注意力放在自己身上。以下三個方法，幫你找回自主權：

1. 了解「出意見的人不會幫你承擔後果」

「課題切割」是個體心理學之父阿德勒所提出的理論：每個人從出生之後，就具有完整的選擇權力，你的每個行為都是自己的選擇，只有自己可以為自己的選擇負責。不能為結果負責的人，他們說的話都只是意見，不能左右你的選擇。

如果你選擇聽父母的意見，去唸不喜歡的科系，那是你選擇了聽父母的話，唸得不開心是選擇的結果，你只能自己承受，不能責怪父母；相反的，強迫孩子考公務員的父母，不能承擔孩子不快樂的工作情緒，便是干涉了孩子的課題。

你的人生，只有自己可以做決定，也只有你會為決定的後果負責，出意見的人不會為你承受結果，他們的建議都只是建議，不能左右你的決定。

學會判別自己的課題和他人的干涉，能大大減少對他人意見的在乎。

2. 問自己「我要的是什麼？」

當你發現自己開始在乎他人眼光，就問自己「我要的是什麼？」，而且答案只能有自己，不是「想被同學羨慕」「想要主管稱讚我」「想要爸媽開心」，而是「我想提升能力」「我喜歡工作內容」……等等。

這個問題，可以幫助你在漩渦中急踩煞車，回過頭來關注自己。

如果你有人生目標，想想自己這麼做，可以幫你實現人生目標嗎？如果沒有，請花些時間思考你的人生目標吧！一旦有了目標，更能分辨出你的心聲，和他人的雜音。

3. 相信自己是對的

就是因為不知道自己做得對不對，才會依賴他人的意見，但別人說的也不一定正確呀！

大學時，我非常熱衷參與學校的實習廣播電台，錄音、採訪、做節目，弄得非常開心，當時我媽對我的熱情嗤之以鼻，說：「做那個是能找什麼工作？」

結果幾年後 Podcast 在台灣大爆炸。我不僅可以自己企劃、主持節目，還能搞定設備、剪輯音檔，就算自己沒開節目，我也可以幫人代工。

就算是比你多活三十年的人，意見也不一定正確。

最重要的是，要持續提升決策品質：決策前，做足功課了嗎？可能的後果都想過一遍了嗎？只要擁有充分且合理的理由，就放手去做；決策得到的結果，有哪些不滿意的地方？為什麼會這樣？下一次再發生同樣狀況，如何做出更好的決定？

我很喜歡 **Ray Dalio** 在《原則：生活與工作》提出的「成功五步驟」：

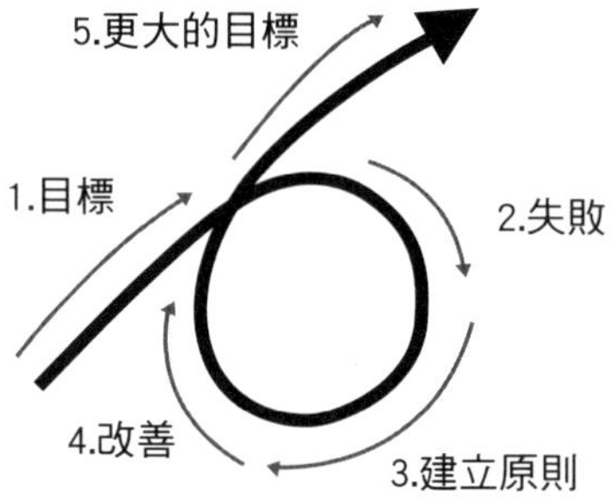

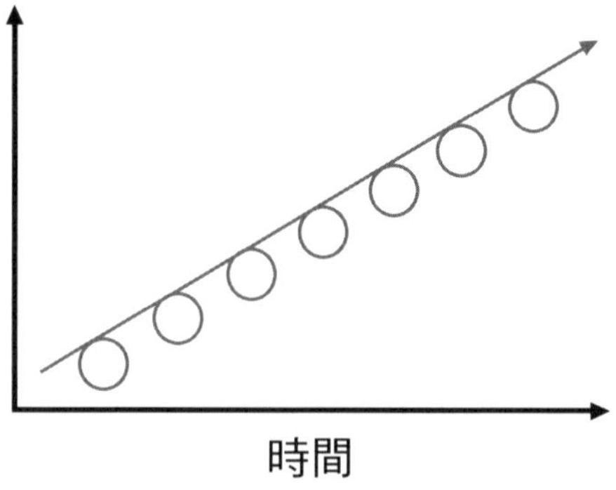

你永遠是對的，而且會隨著時間越來越「對」。

總之，不管別人怎麼說，最重要的是自己，當你發現在意他人眼光的心魔又跑出來，趕快問自己四個問題：

✓我想要這樣做嗎？

✓我這樣做合理嗎？

✓這樣做我開心嗎？

✓我可以承擔這樣做的結果嗎？

只要專心思考這四個問題，自然而然就能把別人的聲音屏除在外。

這輩子，只能這樣嗎？

一個人的失敗不在於他輸了，而是他差點就贏了。

《這輩子，只能這樣嗎？》是美國心理醫生 Kenneth W.Christian 針對高潛能、低成就者「自我設限」心態的深入研究，以及改善方法。

作者發現，這個族群習慣逃避努力、避免失敗、為自己設下限制和找理由，在人生道路上不斷選擇風險較小、沒有挑戰性的簡單解決方案，導致中壯年的成就，不盡理想，套句書中的說法，就是「過著刪減版的人生」。

「自我設限」心態作祟

高潛能自我設限者，簡稱 SLHPP（Self-limiting High Potential Persons），泛指幼年曾經展現過優異天賦、才華，但長大成人後，成就卻明顯低落，常見的現象有：經常換工作、選擇挑戰性較低的工作、心猿意馬，難以對單一任務專注……等等。

作者觀察到，SLHPP 普遍有「自我設限」的心態。什麼是自我設限？美國心理學家史坦利・庫柏史密斯（Stanley Coopersmith）的實驗可以說明：把小孩聚集在一個房間，房間盡頭是一個低矮的籃筐，每個孩子有六次的投籃機會，他們可以選擇站在房間任何一個地方投籃，投進最多球的人獲勝。心理學家觀察到，孩子的投籃策略可以分成三種：

1. 直接站在籃筐前面，毫不費力把六顆球都投進，獲得百分之百投籃率。
2. 站在房間中間，需要一點技巧才有機會進球，進球機會一半一半。
3. 站在明顯投不進、離籃筐最遠的位子，一顆都沒有投進。

其中，第一種和第三種投籃策略，都是自我設限的表現。站在籃筐前面，投籃變得毫無挑戰性，等於巧妙迴避這個測驗；站在根本投不進的遠處，則是自我保護的偽裝，一球都沒進，可以理直氣壯的說：「那麼遠的位子，當然投不進。」萬一不小心投進一球，還會變成傳奇英雄。

高潛能自我設限者的特徵

自我設限在成人生活中，會以這十八種特徵呈現，如果你符合超過一半的特徵，代表你已經養成自我設限的習慣：

- ✓ 凡事只求簡單，即使是很重要的事，只做最低限度的努力，60 分就好；
- ✓ 工作之前花很多時間「準備」、「拖延」、「逃避」，甚至找人「代替」，但就是不願「投入」工作
- ✓ 專注力不持久，常常分心；
- ✓ 就算是人生中的重要活動，也無法樂在其中；
- ✓ 永遠都在訂計畫，就是不執行計畫；
- ✓ 沒辦法組織工作和生活，想到什麼做什麼；
- ✓ 無法達成任何長遠目標，因為沒有適當的計畫、堅持的執行力；
- ✓ 總是對新事物感到興奮，但新奇感消失後，立即失望倦怠，又分心渴望下一個新事物；
- ✓ 在目標快成功的時候，產生放棄的念頭；

- ✓ 只做挑戰性低的工作、參與簡單的人際關係，因為覺得不需要全力以赴；
- ✓ 總是自我懷疑、沒有自信；
- ✓ 害怕無法達成期望，無論是自己或他人的；
- ✓ 不敢爭取自己想要的東西，因為害怕會失望或失敗；
- ✓ 不願意花時間練習基本功，認為那些東西不切實際；
- ✓ 為了擁有更多選擇，避免向他人作出重要承諾；
- ✓ 把失敗怪罪給運氣或別人，就是不覺得自己有錯；
- ✓ 懷疑自己無法適應社會，總是落後別人，無法實現遠大理想；
- ✓ 老是覺得快沒時間，但自己卻還沒開始。

自我設限的表現方式有很多不同，為了讓你更好理解，我摘要幾個書中案例，看看你是否也有類似情況：

丹是一位長期失業的電腦工程師，儘管靠太太的收入過活讓他很不安，經歷過幾次面試失敗後，便不斷拒絕面試邀約，因為「我不確定是否要回去工作」。他不斷說服自己和太太，自己是受到誤解、能力不被賞識，不是他能控制的。

艾德憑著在球場上的優異表現，得到知名大學的全額獎學金，但是第一個學期就休學了，理由是「我和教練鬧翻了，而且我討厭大學的氣氛」。他放棄獎學金、轉到別的學校，卻發現新學校的球隊限制轉學生只能出賽一季，他氣得再度轉學。

後來，他轉進一間兩年制的大學，一事無成，也沒參加過半場棒球賽。

你覺得這些狀況似曾相識嗎？或者一樣的故事，就發生在你身上？

或許你的童年沒有這種高不成、低不就的跡象，相反的，你可能還是大家眼中的小天才、才華洋溢的聰明鬼。為什麼會這樣？

不需努力也能成功的童年

孩子上中學前，在家庭和學校的經歷，是造成 SLHPP 的關鍵因素，這三個原因彼此交互影響。

因為才華而享受特權

高潛能者在幼年展現才華時，會受到父母、長輩的過度讚揚，加深孩子對自己「我是個天才」的認知。當孩子帶著這份認知進到學校，也就是他們第一次接觸真實社會的地方，如果學校也認同孩子的才華，並且給予特權，就會讓孩子學到：「不需努力也能成功」。血淋淋的例子像是：

✓ 資優班的學生沒有完成普通班的例行功課，卻因為資優班的身分，免於責罰。

✓ 聰明的學生經常受到師長稱讚，加深孩子對自己「聰明」的認知，開始認為家庭作業太簡單，養成「隨便做就好」心態。

✓ 具有社交天賦的學生，因為個性隨和、圓融，讓人沒辦法生氣，常得到父母、老師的特權通融。

✓ 當孩子出現叛逆行為，卻因為天賦或才華而得到通融，孩子便習得「不遵守規則也沒關係」。

✓ 當課業危機發生，家長會幫忙解決問題，例如幫忙一起趕暑假作業、幫孩子整理書包、送孩子忘了帶的東西到學校。

枯燥的教育方法：升學主義／分數至上阻礙發展興趣

學校講求一致性的教育方式，會抑制孩子的自主性，例如：

✓學得太快並不好，因為高潛能孩子必須停下來等其他人跟上，只能照著老師規劃的進度走。

✓學習成果只會變成家庭作業，缺乏探索和想像空間，導致孩子開始不想做作業。

✓學校只用分數評斷程度，找不出其他方法鼓勵學生進步，孩子學到「學習只是為了分數」。

種種原因，讓年幼的孩子本來對求學充滿期待，在學校卻處處碰壁，逐漸澆熄他們對學習的熱忱，甚至開始痛恨學習、輕視教育、憤世忌俗，最後放棄學習，出社會之後碰到任何要求或規範，也會用一樣的態度面對。

背負太多期待

試著想想，當別人稱讚「你很聰明」，除了開心，你是不是真的相信自己比別人聰明，也開始期待自己的聰明，有朝一日會發揮出來？對孩子來說也是一樣的，當師長過度稱讚孩子，孩子對自己的期待也會越來越高，也越來越相信自己是特別的。

隨這年紀增長，孩子開始面臨挫敗、沒辦法達到期待時，氣球就被戳破了——發現自己似乎沒有特別聰明。然後，為了維持自己天才的完美形象，孩子開始出現投籃實驗中，第一種或第三種投籃策略：要麼迴避挑戰，要麼設定超高目標，讓自己不需努力。

這樣的心態將會伴隨孩子進入青春期，一路跟著長大成人，最後成為一個 SLHPP。

如何開始改變自己？

作者針對已經成人的 SLHPP，提出三階段改變計劃，這也是作者在美國推行的「極限潛能計畫」。其中，最重要的是心態調整，因為抱持什麼信念，將會影響你怎麼選擇、產出什麼結果。

第一階段：重新檢視自己

1. 找出你的夢想，想像在夢想裡的場景、心情、感覺和溫度。
2. 規劃一生的時間表，為夢想制定執行時間計畫。

3. 徹底研究自己，找到自己的長處和缺點，明確辨認出自己在哪些時候，會自動自我設限。

第二階段：改變心態

◆書寫練習

找一本筆記本，把自己的缺點、自我設限的壞習慣挑出來，用書寫的方式，想像未來將會怎麼面對幾年舊習，例如：

1. 事實：我做事老是拖延。
2. 情境：如果事情有期限，我總是到期限前一個小時才開始做東西。
3. 選擇：如果事情有期限，我總是選擇期限前一個小時才開始做東西。
4. 過去式：以前，如果事情有期限，我總是選擇期限前一個小時才開始做東西。
5. 改變：如果事情有期限，我選擇提早開始規劃、執行。

◆改變講話方式

開始改變自己的說話模式，告訴自己即將進到一個新的模式。例如：

✓拒絕曖昧不明的形容詞：不說「可能可以、試試看、或許」……
✓總是使用直述句：我今天會做完，而不是我今天試著做完。
✓減少負面形容：我學不會韓文、我還沒開始學。
✓負面形容，請放在過去式：以前我不認真學韓文。
✓正面形容，請用現在式。

最後，建立養成新習慣需要重複六千次的認知，然後觀察自己心態的逐漸進步。

第三階段：制定企劃書

心態修正之後，重新為夢想制定一份真實、明確的企劃書，要包含：

✓明確的目標，不要再「這樣就可以了」
✓明確的執行方法，列下每個步驟，拒絕走捷徑
✓時程
✓決定如何衡量結果
✓B方案

然後，徹底執行這份企劃。

經過這一連串努力之後，你將能克服累積已久的自我設限壞習慣，逐漸拿回自我的掌握權。接下來，把這份能量，延伸到人生的各個面向：運用時間、投資理財、管理自己、學習……，重新管理你的人生。

你將能看見不一樣的自己。

我們活著，不是為了滿足家人期待

禮拜一，又是一週辛勤工作的開始，也是許多人一週之中，最憂鬱的一天。

你有沒有想過，自己為什麼那麼努力呢？為了點餐不看價錢？為了想買什麼就買？為了租一間有獨立衛浴的房間？還是，期待有一天「別人」會肯定你的努力？

我一直在想，我走出迷惘、找到興趣並且轉換成工作的關鍵到底是什麼？我認為最關鍵的答案，是「放下別人的期待」——尤其來自原生家庭的期待。

過去，我也曾困在原生家庭的壓力，直到擺脫媽媽壓在我肩上的期待，我的心靈才得以真正自由，走我想走的人生道路。

三十歲前的我，學業、感情、職業，人生幾乎被我的原生家庭拉著走，尤其是我的媽媽。

我的媽媽是一位國小老師，特別的是，她不但是非教育科系背景，還以主婦二度就業的身分考上老師，這是她一輩子最驕傲的事，所以她認為她的兩個孩子也要跟她一樣，事業上要有所成就、成為經濟獨立的女性。

不過，不知道是不是因為老師的身分，媽媽表達期待的方式，是把我們當成她的學生，所有事都要按照她的劇本演出，小從衣架該怎麼穿過衣服，大至我念的科系、玩的社團，甚至交怎樣的男朋友，都必須經過她的認可，否則不是遭受體罰，就是語言和精神的壓迫。

有多誇張呢？打到全身是傷是家常便飯，她還不只一次當眾賞我巴掌；親口說出「老師的女兒怎麼可以看漫畫？」儘管已經考上很不錯的國立大學，她還是說唸廣告系會一輩子當乞丐。

好像無論我多努力、表現多好，永遠得不到她的肯定。唯一能得到媽媽的溫柔，只有生病受傷的時候，所以小時候的我總是殷殷期盼著生病。

上大學之後，我的事業心變得很強，除了本科系，我還修了很多商學院課程、擔任社團要角、主動找實習打工，忙到沒時間睡覺，就是希望在學生時期累積多一點社會經驗，畢業後能順利得到一份讓媽媽肯定的好工作。

畢業後在社會碰撞了幾年，我升上了主管。我還記得在電話中告訴媽媽薪水的那刻，我幾乎就要讓媽媽驕傲了——只是這個驕傲，是暫時的。

如你所知道的，當上一陣子主管後，我失業了，我完全往媽媽期待的反方向前進，真的要成為她口中的乞丐了嗎？

失業這段期間，是我人生中最迷惘和痛苦的時期，媽媽長年給我的無形壓力，在這段時間全面籠罩我的人生，其中最讓我糾結的，是我既想成為她，又不想成為她。

我痛恨她教養的方式，發誓以後絕對不要像媽媽一樣管教我的孩子，內心深處卻又想成為和媽媽一樣獨立有能力的女性，得到媽媽的稱讚和肯定。

但是我失敗了。我是不是永遠無法滿足媽媽的期待？

＊

在華人社會，「原生家庭」幾乎成為一個負面名詞，家長總是特別擅長對我們打擊自信、情緒勒索、過度體罰，尤其在設定孩子人生道路這一塊，表現更是突出，堆疊各種期待在孩子肩上，希望小孩在學業、社交、職業、婚姻、下一代的家庭，方方面面長成他們想要的樣子。

非常多讀者曾經來信告訴我，自己沒辦法追求熱情、追求喜愛職業很大的阻力之一，就是不敢不照著原生家庭的期待過活，和過去的我一樣，也是原生家庭的受害者。

你可能想問，那我是如何從原生家庭的糾結中走出來，改走一條爸媽完全不懂、收入也不穩定的職業道路？

我認為放下原生家庭的關鍵，是「理解」：理解父母為什麼會有這樣的期待、為什麼用不當的方式表達期待，最後輕輕放下他們的期待，活出自己的樣子。

一切都要從一支網路影片說起。

＊

有一次，媽媽分享一個賴群瘋傳影片給我：兩兄弟因為搶玩具而尖叫大哭，但在爸爸蹲下來擁抱安撫後，小孩們瞬間冷靜，重新和平相處。媽媽感嘆地在影片下方附註：「我都不知道還能這樣帶小孩呢！如果是我，兩個都當場揍下去了。」

「我都不知道」這五個字，在我的腦袋中點了一盞燈——我理解她為什麼會那樣對我了。

在媽媽的那個年代，沒有網路，現在很流行的正向教養、蒙特梭利等教養方法，還躺在難以取得的書本裡，不像現在只要輸入個關鍵字，就有海量知識可以學習。

在這樣的環境下，她如何學習當一個媽媽？其實就是複製她的媽媽：外婆以前怎麼打她，現在就怎麼打我。而我會對她的教養不滿，是因為我知道世界上還有不打罵的教育方式——那正是媽媽以前不知道的；同理，她對我工作的期待，也是在她的年代，她認為最好的選擇，但是在我的年代，卻不一定是最好的。

無論是教養，或是對我的期待，我相信她都已經在有限的知識和資源下，做出她認為最好的選擇。只是，我的世界不是她的世界，她的期待早已過期。

以工作來說吧，以前領一份穩定薪水，就買得起一套房子，現在領一份穩定薪水，還不知道買不買得起一間套房；以前的退休生活制式而固定，現在的退休卻出其不意，可能提早被退休，也可能被高齡化社會壓的不能退休；以前只要做好一份工作，就能保證未來，現在一人必須做好幾人份的工作，還不一定有未來。

在這樣的時空背景下，要如何說服我違背自己的意願，爭取一份穩定工作，掙一份不知道能賺多久的薪水？

原生家庭的影響是有期限的，過了有效期限，那些期待就不合時宜了，如果我們抱著那些期待過活，要麼肚子痛，要麼拉肚子，身心靈都不會處在舒適平靜的狀態。

當我理解了媽媽為什麼如此教養、如此期待，我便把捆綁在身上的原生家庭給鬆綁了。因為放下原生家庭的期待，我獲得心靈的自由；因為心靈自由了，才有勇氣追求內心真正的理想生活。

*

禮拜一，又是一週辛勤工作的開始。禮拜一是我一週之中，最有效率、生產力最高的一天，因為我知道我是為了自己而努力，而不再是追求滿足誰的期待。

如果你對這樣的人生態度有一點點羨慕，試著去理解你的原生家庭，鬆綁家庭捆在你身上的期待和規則吧！

從今天開始，活出你自己的人生，而不是你爸媽的人生，因為我們活著，不是為了滿足家人期待，而是發揮生命的價值。

你打算怎麼玩人生這場「無限遊戲」？

想像一下，跟你同年紀的高中同學，在臉書上公布：終於拿到美國大企業的工作邀約，公司還願意幫他辦簽證，終於實現夢想，在美國生根。這時候，你心裡是什麼滋味？

如果你在貼文下留個不誠懇的恭喜，心中長出一絲不甘心和嫉妒，小心！你陷入「有限賽局思維」了。

《無限賽局》表面上是一本商管書，其中的思想用來思考人生也非常有幫助。

沒有贏家的遊戲

「無限賽局」的概念來自於美國哲學家詹姆斯・卡斯的書《有限與無限遊戲》。根據卡斯的想法，有限遊戲有明確規則，每個玩家都在這個規則裡，追求成為「贏家」，當贏家出現，遊戲就結束了，圍棋、麻將、橋牌這種會有贏家勝出的比賽，就是典型例子。

什麼是無限遊戲？無限遊戲沒有規則，玩家可以根據自己想做的事，自行設定遊戲目標；沒有規則，就沒有輸贏，遊戲也不會結束，只有玩家自己不想玩，或資源耗盡的時候，才自行退出遊戲。在無限賽局，玩家的終極目標只有一個：讓遊戲繼續進行下去。

企業的無限思維五個條件

作者賽門・西奈克（Simon Sinek）認為在商業界，要擁有無限思維，必須要有五個條件：

1. **崇高的信念**：企業要擁有一個「永遠無法被實現」的願景，不是賺大錢、不是成為產業第一，而是幫助人類存活的更好、更安全、更方便。

2. **信任的團隊**：打造共同合作的信任關係，而不是強調個人績效，因為強調個人績效，團隊成員會把個人利益擺在企業利益之前，造成各種短視的決策和行為。

3. **可敬的對手**：無限思維的企業不把同業當成競爭者，而是共同開拓市場的夥伴，學習對方的好。

4. **攸關存亡的應變**：無限思維者，主動尋找實現願景的方法，有限思維則被環境推著走。

5. **領導的勇氣**：眼光放長遠，有些決策短期內是痛苦的，而長期卻對實現願景有所助益。

這裡我不多談企業如何實踐無限思維，我想聊聊從這本書中，哪些知識可以應用在人生思考上。其中我最有共鳴的，就是第一點：崇高的信念和願景。

為願景工作，才有意義

我們常在全公司大會或尾牙、春酒等等，大老闆跑出來高談論闊、鼓舞士氣的時候（台下的你可能正在神遊放空或滑手機），聽到「我們公司的願景是……」。願景、目標、核心價值這類高大上的名詞，總是讓人搞不清楚意義是什麼。無限思維中的願景是什麼呢？

願景的五個元素

願景不是短期目標，不是這一季的營收比上一季成長二〇%、流量成長一〇%，這是**KPI**；願景不是成為產業第一，第一代表的是打敗其他競爭者、成為贏家，這是有限思維的想法；願景也不是企業社會責任（**CSR**），對企業來說，**CSR** 是賺錢之後才去做善事（甚至只是為了節稅），而不是打從一開始就有願景。

西奈克認為願景是一個具體的畫面，具備五個元素：

1. 願景支持一個正面、樂觀的理念
2. 願景能夠號召夥伴，一起為實現願景努力

3. 願景是服務導向、是利他的
4. 願景經得起時間考驗
5. 願景永遠無法完全實現

文鄒鄒的條列定義，讓人很難理解吧？戶外登山品牌 Patagonia 就是具有無限思維、努力實踐願景的企業。

別買我們的夾克

巴塔哥尼亞（Patagonia）是一家主營戶外服裝的公司，執行長卡特說：「如果我們希望公司可以活到下一個一百年，首先要讓地球也能活到下一個一百年，才有我們的立足之地。」

Patagonia 曾經在紐約時報頭版刊登一則廣告，大大的標題寫著：「別買這件夾克」，底下是一件自家夾克的照片，配上長長的文案：

> 製作這件夾克需要一百三十五公升的水，如果一個人每天需要三杯水，製作這件夾克使用的水，可以滿足四十五個人的每日需求。
>
> 製作過程中，從最初的六〇%再生聚脂原料，到完成夾克、送到倉庫，排放了將近九公斤二氧化碳，等於夾克重量的二十四倍。
>
> 還有很多我們可以一起努力的事，別買不需要的東西，買任何東西都先想一想……加入我們，重新想像一個世界，一個只取用自然可再生資源的世界。

叫大家不要買自己的產品？如果沒有明確的願景，絕對寫不出這樣違反邏輯的吸睛文案。除此之外，**Patagonia** 還做了很多違反商業直覺的決策：

✓ 承諾可以製造更耐用的高品質衣服，這樣消費者就不用經常更換、減少浪費，而不是讓商品容易損壞，期望消費者增加購買頻率。

✓ 免費為消費者維修產品，這樣顧客就不會把還能修的東西丟掉，減少購買。

✓ 主動與拍賣網站合作，讓消費者買賣二手產品、重複使用。

或許你會想，這種企業能賺錢嗎？答案是，能！過去十年，Patagonia 營收成長了四倍，獲利則成長三倍。為什麼？

Patagonia 的明確願景，吸引全球無數關心環保議題的消費者，選擇把他們的鈔票投給 Patagonia，他們知道他們買下的不只是登山用品，比起購買別牌產品，Patagonia 的產品更為地球盡一份心力。

錢是推動願景的燃料，但錢本身不是願景，就像我們買車，不是為了加更多汽油，而是需要車子帶我們到去不了的地方。Patagonia 做了最好的示範。

工作的熱情來自願景

我花了很長的篇幅討論「願景」，這跟人生思考有什麼關係？如果你覺得自己只是為了錢，做著討厭的工作、找不到工作的意義、不知道想做什麼工作，你的願景就扮演很重要的角色。

如果你非常關心環保議題，然後剛好在 Patagonia 工作，我相信有時你不會喜歡這份工作，但你將會熱愛這份工作，因為你知道自己在為什麼而努力——為了讓地球更好啊！

科學已經證實，貢獻感和利他就是幸福的來源，也是工作熱情的來源。為願景工作，「就像為自己的孩子付出，我們有時候可能會喜歡他們，有時候覺得他們很煩，但我每一天都愛著他。」西奈克的比喻非常貼切。

而我的願景又是什麼？我希望每個人都能擺脫迷惘，做自己喜歡的事情，發揮價值，並以此維生。儘管現在成果還不盡理想，我還沒有足夠的影響力，收入有點差強人意，但是為了願景，這些我都甘願，因為我知道還有很多可以努力的。

最重要的是，我覺得每一天都過得很有意義，因為我知道現在做的一切，是在幫助過去曾跟我一樣的迷惘的人。

向你嫉妒的人學習

除了為願景工作，無限思維還有一個要素，給我很深的共鳴：可敬的對手。什麼是可敬的對手？不把對手當成「競爭者」，而是值得學習的對象，甚至是共同開創願景的夥伴。

這讓我想到，讀者來信很常提到「比較心態」，看到別人過得比較好，就會對自己不滿意，於是又把自己推回有限思維的迷惘賽道：我要過得比他好，賺更多錢、買更好的車、住更大的房子——把過得比較好的人，當成要打敗的敵人。

如果你擁有無限思維，你們要麼為了願景一起努力，不然就是彼此的願景不同、努力方向也不同，何來競爭者呢？

被有限思維侷限的眼界

不瞞你說，我曾經做過甜點創業，開了個小工作室，在網路上販售歐式甜點。

同時間，另一位不算認識的朋友小藍，從外國糕點學校學成歸來後，也開始甜點創業。對方家境不錯，品牌一開始就在精華地段開工作室，而我沒有那麼雄厚的財力，只能在郊區民宅的陰暗小巷，租個小空間克難創業。

當時我就是典型的有限思維，心中總想著：哼！還不是家裡有錢，才能送她出國、在好地點開店？

其實，小藍背後還有很多我沒看到的努力，她發在臉書的每一張照片，眼下都有濃濃的黑眼圈和眼袋；我自己也在廚房工作，知道站廚房的辛苦，但戴著有限思維眼鏡的我，完全忘記對方和我一樣辛苦，甚至比我更辛苦。

幾年過去，小藍已經是知名甜點品牌主理人，開了兩間實體店，管理一群甜點師和員工，用心打理的店面早已成為排隊一小時起跳的網美店，公關公司也搶著找她做記者會的精緻點心與佈置，逢年過節更是訂單大爆炸。這背後的付出與努力，光是家裡有錢是沒有用的。

而我呢？早就放棄甜點夢了。

學習對手，對自己幫助最多

如果當時我能抱著無限思維，我會向小藍學習如何建立品牌、如何做廚房管理、如何管理金流，也許現在我也能實踐當時的甜點夢？或許還能一起合作，共同開創新的甜點市場？

是，你嫉妒的人可能真的家裡有錢，但只有資源是不夠的，出身豪門的張國煒能在各大航空公司的夾殺下，開創差異化的星宇航空，還能讓星宇在一開航就碰上疫情的巨大挑戰下持續營運，光是有錢就辦得到嗎？張國煒還會開飛機呢！

那些被你嫉妒、比你厲害的人，永遠都有可以學習的地方，如果你願意摘下有限思維眼鏡，最後得到最多幫助的，是你自己。

人生是有限還是無限賽局？

最後，再複習一次有限和無限賽局的定義：有限賽局有明確規則，每個玩家都在這個規則裡，追求成為「贏家」；無限遊戲沒有規則，也沒有輸贏，玩家可以自己設定目標，直到意志和資源耗盡，才會退出遊戲。

人生是有限賽局，還是無限賽局？人生有贏家嗎？有人規定人生的規則嗎？那為什麼我們還要追逐比別人更多的財富、名聲和成就？為什麼要活在別人為我們寫好的劇本裡，為什麼要嫉妒別人，而非從他身上學習？

用西奈克藏在書封裡的一句話，為這篇文章總結：

「我們無法選擇賽局，也不能決定規則，但我們可以選擇如何迎戰。」

——賽門・西奈克（Simon Sinek）

不知道想做什麼工作，乾脆創業好了？

之前看到一篇 Dcard 文，二十四歲女生畢業之後，換了好幾次工作，都不喜歡，想說乾脆創業好了，但是她不知道要創什麼，所以發文問問大家。

以過來人的身分誠心建議，不要。如果你的商業知識還不夠，創業最後只會變成苦力活，比上班還累。

我的失敗創業之旅

我在剛出社會沒多久，曾經建立一個甜點品牌。我創業的原因，就跟這位女網友一樣：不知道要做什麼工作，再加上我的第一份工作，不僅剝削菜鳥，還能者過勞，算是出社會後的第一堂震撼教育。

當時我抱著「創什麼都好，就是不要去上班」的心態，選擇了創業門檻最低的一條路：餐飲。我決定在網路上販售手工製作的荷蘭甜點——Stroopwafel，一種中間夾著焦糖的軟餅乾。

我投入十萬資金，自己研究食譜，並從荷蘭進口專業設備、和朋友合租一間民房，廚房就是我的工作室，品牌熱鬧開張了。到這邊，我算是跨進了創業的大門——跨進大門很容易，困難的是如何走得長久。

一開始我很享受這種可以時間自主的工作模式（從那時候就很熱愛自由）但是時間久了，這種校長兼撞鐘的生活讓我筋疲力竭——

雖然我很喜歡煮飯做甜點，但我不喜歡機械性的重複作業；因為沒有實體店面，要花更多錢和時間做行銷，除了一天要做兩三百片餅乾，我還得花心思想活動、研發新口味，以保持品牌新鮮感、跑創意市集和企業團購以開發新客戶，我的生活就周旋在電腦和廚房之間。

當時沒有足夠商業知識和膽試，除了請兼職人員幫我分擔做餅乾的製程，不懂也不敢投資金下去規模化；再加上當時抱著駝鳥心態，為了讓帳面盈餘看起來是正的，我一直都沒有發薪水給自己，另外去打工維生。如果計入人事成本，這個創業其實一直在虧錢！

三年之後，我意識到這樣的生活無法長久，決定結束這次創業，重回職場。

創業不是迷惘的解決方法

如果你感到人生迷茫，想靠創業來解決，請先問自己兩個問題：

1. 你創業的動機是什麼？是拉力，還是推力？

所謂拉力動機，指的是為了實現「我好想要」而創業。例如動畫《中華一番》的小當家說：「我想做出讓人們感到幸福的料理！」所以開始徒步尋找傳說中的廚具；又如現在的我，因為「好想創造一種工作和收入平衡的生活方式！」而二度創業（雖然我並不把自己定位在創業）。

而推力是什麼呢？指的是你因為「我不想要」才去創業。例如「我不想當朝九晚五的上班族，不想給人請」，或是「不想要繼續迷惘，乾脆創業好了」的想法。

如果你的創業動機是推力，誠心建議，先不要！因為創業比「你不想要」的上班更辛苦！

自己當老闆，看似時間自由，但你工作以外的自由時間，比上班少太多了！上班還有週末、國定假日，創業連假日都要工作；工作出包還有同事分擔責任、老闆替你扛著，創業出包的責任完全要自己承擔；上班基本上只要做好自己的份內之事就好，而老闆的份內之事，就是一間公司的所有事，創業會輕鬆嗎？

如果你和我一樣，只是為了逃避而隨便選個項目來創業，沒有熱情做為燃料，這跟越級打怪沒什麼差別，馬上就會被打趴在地上的。

2. 你具備足夠的商業知識嗎？

創業不是做你想做的事情就好了，我在做餅乾、賣餅乾的時候，還要處理這些經營上的行政瑣事：

圖片被盜用了怎麼辦？現金和帳面數字對不起來怎麼辦？馬桶塞住了，馬桶水瘋狂溢出怎麼辦？下禮拜有大訂單，但來不及請到工讀生，怎麼辦？

如果是和人合夥，還會有合夥的問題：理念不合怎麼辦？股份談不攏怎麼辦？賺錢的時候大家笑呵呵，虧錢的時候摩擦就出現了，如何在摩擦出現之前保護好自己？

即使想做餐飲這類門檻比較低的創業項目，也需要大量商業知識：店點怎麼挑選？怎麼做行銷？如果遇到疫情，你能夠靈活轉換商業模式嗎？

餐飲業（尤其甜點）自產自銷是最累、最窮，也最沒效率的經營方式，想讓自己舒服一點，你知道還有哪些商業模式嗎？要怎麼開放加盟，或找代工廠？想擴張規模需要資金，要怎麼尋找投資人？

我的餅乾事業沒有繼續下去，很大的原因就是商業知識不足，除了因為獨資而沒遇過合夥相關問題，其他問題都是我真實遇到過的，也因為不知道怎麼擴張事業規模，把自己搞得油盡燈枯，再也走不下去。

你呢？上面那些問題你都知道答案，或至少知道怎麼找到答案、找誰問問題了嗎？是的話，再考慮創業吧！

迷惘就不能創業嗎？當然不是！

難道迷惘的人就不能創業，一定要找到一個喜歡的工作嗎？當然不是呀！你絕對可以把創業當作未來的目標！或許你現在還不知道能創什麼業，但我們可以換個角度，把職場當成你的創業新手村。

首先，你可以從職場挑揀可能的創業項目，觀察沒有被解決的問題；如果對某個項目有興趣，不妨跳到相關領域，快速累積相關知識。

第二，在工作中累積你的人脈，無論是同事、主管、老闆、客戶，未來都可能成為你的貴人，提供價值給每個人，累積未來的人脈資產。

第三，你可以在職場中培養技能組合，像我後來在職場中學到的技能，在第二次創業時發揮很大的效果，無論是我的行銷本業，或是架設網站，到基本的美感素養……

第四，培養創業家心態，經營公司就像下棋，你的老闆是怎麼思考的？面對你創業可能也會遇到的商業問題，他怎麼解決的？結果如何？你覺得老闆的決策是好的嗎？

如果你帶著創業家精神工作，看事情的角度將會變得很不一樣，而且這個新手村竟然還付錢讓你學東西呢！

如果工作迷惘，還可以這麼做

如果覺得迷惘，除了把創業當成未來目標，在職場邊做邊學，你也可以選擇風險比較小的創業，利用下班時間建立事業（寫作、部落格就是很好的方式），如果失敗了、虧錢了、不想做了，還有退路可走；如果事業經營得有聲有色，就讓副業上位，成為你的正職。

如果還不確定自己想不想創業，去閱讀、去找人聊聊、去吸收新知、去學新技能，到處嘗試，找出你「可能」有興趣的東西，才能找到自己「真的」喜歡什麼。

總之，迷惘的解決方式，絕對不是隨手抓住一塊浮木，在你還沒調查清楚之前，你無法確定那是能救你一命的浮木，或是潛在水面偽裝成浮木的鱷魚，對吧？

人生沒有正確答案，所有選擇都是對的

前陣子收到一封讀者 R 的來信：

木木你好，我今年二十七歲，畢業至今工作一直都不穩定，最久的工作經歷只有一年。會一直換工作，是因為想找到一個有熱情、可以認真投入的工作，但我根本不知道自己喜歡什麼領域，不斷懷疑自己，「這真的是我想要的嗎」？

我發現，「這真的是我想要的嗎？」這個心裡的小聲音在我找工作時，不斷冒出來……找工作變成一個重大決定，好像這一步錯了、工作找錯了，後面就都錯了，而我已經沒有太多時間可以浪費……

我試著用妳的人生規劃圖，想釐清自己的人生方向，但寫到後面，我不斷在質疑自己：我怎麼知道現在寫下來的理想人生，真的是我想要的？

*

我們總是想要找到一條正確、真的想要的人生道路，彷彿關於人生的正確答案，就藏在大腦某個皺摺深處，只要用對方法就能找到，然後正確的未來就像一串粽子一樣，一個一個被拉出來：真正有熱情的工作、平衡的工作與生活。

但是，誰規定什麼才是正確的人生道路，什麼又是錯的？

尋找正確答案的慣性

想像你站在路邊，看到一位行動緩慢的老太太要過馬路，你會怎麼做：

A. 直接扶老太太過馬路
B. 背著老太太過馬路
C. 提醒老太太馬路很危險，叫她走快點
D. 打電話請警察護送

以上四個選項，哪個是正確答案呢？

你是不是下意識的想要挑一個正確答案？事實上，這四個答案都正確！

我們的教育制度，只用數字來評分一個人的能力，答對加分、答錯扣分，分數越高、獎勵越好，彷彿答對的題數越多，代表你的能力越強，於是，我們的思想越來越依賴正確答案。

參考書翻到最後有答案本，寫考卷就要對答案，考大學也以你答對的題目數為依據……。這樣的思維模式，在離開校園後繼續跟著我們，做什麼事都想要有「正確答案」：

「這個工作真的是我想要的嗎？」

「我一定要找到一個有熱情的工作！」

「如果選錯職業，我這輩子就完蛋了！」

人生有正確答案嗎？

我可以理解在人生迷惘時，一定會一直出現質疑的雜音：「這真的是我想要的嗎」？然而，質疑自己對於找到興趣和熱情一點幫助都沒有。你真正想要的東西，是試出來的。

Minecraft 是一款長紅的經典遊戲，玩家會在一個無限生成的 **3D** 地圖中四處探索，採集各式各樣的資源，你可以合成材料、製作工具、設計機關、建造各種建築物，從簡單小屋到宏偉城堡，甚至是違反物理現象的雲霄飛車也蓋得出來，是一款充滿無限創意的遊戲。

不過，你不會在遊戲一開始，就知道自己想建造什麼，你會在遊戲裡嘗試、探索、試試看自己能做些什麼，不然就是看看其他玩家做了些什麼，試著模仿一套出來。

如果抱著「我要先想到真正想做的是什麼」，那你將會一直停留在遊戲的起點，遊戲根本不會開始，就沒機會探索各種好玩的可能。

同樣的，你不會一生下來，就知道自己真正想要的是什麼，你得讓遊戲開始進行，才能一邊探索、一邊找出各種可能想要的東西，有了一個可能想要的範圍，才會找到真正想要的。放下找到正確答案的執念，才不會讓對錯限制自己的行動。

因此，人生規畫表會有很多版本，我現在寫的版本，就和我第一次寫的版本有很多不同。除了家裡增加了新成員，這幾年的生活體驗，也讓我想要的東西變得不一樣了。

沒人規定我們該怎麼玩人生這場遊戲，更沒有最正確的人生道路。所有人生道路都是正確的。

原地踏步才是浪費時間

除了不知道自己真正想要什麼，R 也在信中提到，自己快三十歲，沒有多少時間可以浪費了。R 不是唯一一個對年紀焦慮的人，很多讀者來信，都提過一樣的問題。

但到底什麼叫「浪費時間」？

我在 Minecraft 裡面蓋了一間豪華城堡，本來很滿意，卻意外發現有人把房子蓋成台式廟宇的樣子，我也要蓋一間！這時候，你會覺得先前蓋的城堡就浪費了嗎？

我已經知道要去哪裡搜集適合的材料，可以更快蓋出想要的房子，原本的城堡可以擺在原地展示，也可以把城堡拆掉，材料重複利用。

當你發現對現在的工作和領域沒有熱情，代表你解鎖了一個「發現不喜歡的領域」成就，未來也不會再走同樣方向，怎麼會叫做浪費呢？真正的浪費時間，是把自己當成一台賺錢機器，下了班就玩手遊玩到睡覺，而不從工作中反省和學習；或是在工作上遇到不如意就離職，而不思考自己為什麼不開心。

要做到不浪費時間，就睜大心裡的眼睛，好好觀察工作中的自己。

每一個工作，都包含了各式各樣的工作細項。如果你是一名飯店接待，對外你可能會和顧客溝通，也可能需要調度交通車，也會接到顧客抱怨，需要安撫情緒；對內則需要彙整顧客抱怨，可能要用到數據和分析能力，也可能需要發想更好的接待流程……等等。

你不可能喜歡所有的工作項目，相對地，你也不可能討厭所有工作項目，一定有些工作做起來心情愉悅、完全投入。觀察自己，是哪些工作讓你開心？然後「放大喜歡的、減少討厭的」，創造最適合自己、最有熱情的工作。

工作本來就會起起伏伏，重點是你從工作不開心中學到什麼經驗？如何運用這些經驗讓自己越來越好？越來越接近真正想要的東西？只要不斷反思、進步、成長、優化，就沒有浪費時間這回事。

所以，你該擔心的不是怕找到錯的答案、怕浪費時間，所有答案都是對的，如果因為怕選錯，連一個答案都不願意撿起嘗試，你失去的會是找到後面一連串答案的可能。那才是真正的浪費時間。

4

跳脫離職的迴圈

人生的結果，是無數個選擇累積出來的，這些不同的選擇，也就是從迷惘中走出來的必經之路。

兩次離職教會我的事

我的人生經歷過兩次離職：第一次離職，是畢業後的第一份企劃工作，因為公司太血汗，滿三個月的當天就提離職，隔天直接不去了；第二次是決定搬回台中、開始經營部落格之後，離開我熟悉的行銷工作。

這兩次離職有什麼不同？

第一次離職是出於憤怒和衝動，沒有想好下一步要做什麼。離職後的第一個月很開心，第二個月就有點慌了，人力銀行怎麼都沒有我喜歡的工作？

到了第三個月，家人看不慣我在家遊手好閒，督促我快點去工作，又因為當時眼高手低，沒什麼工作入得了我的眼，決定創業賣甜點。

沒手藝、不了解甜點又沒商業知識的我，創業兩年半之後就黯然出場了。

第二次離職前，我已經規劃好下一步，也知道即將面臨很長一段沒收入的日子，做好預備金、生活費的準備，很期待即將到來的自由人生。

出版這本書的時候，部落格已經經營第五年，比我過去做的任何一份工作都久。雖然不到大富大貴，但已經能養活我自己，最重要的是，這是一份我喜歡、我適合，而且有意義的工作。

你接收到離職的訊號了嗎？

無論有沒有規劃，離職後都會面對很多不安和未知，當一個人衝動做決定，通常沒有經過深思熟慮和通盤計劃，面對未來的不確定，很容易一步錯，步步錯。想像一下離職之後，你的感覺是解脫了，還是很快樂、很期待？

電影《刺激一九九五》裡，摩根費里曼飾演的瑞德，在出獄時說了一段話：

「我實在太激動了，根本坐不住，腦子也一團混亂。我認為這種激動的感覺，是一個即將開啟漫長旅程、面對未知的自由人才能有的感覺。」

如果你感覺解脫，卻對離職後的生活沒有太多規劃，那我覺得你可以再想想；如果你可以興奮地面對離職後的不安和未知，那我想就是你準備好離職的訊號。

即使做錯決定，人生也能一凡風順

離職通常是一個人生的轉折點，或許你曾想過趁這次離職，轉換跑道、創業或接受新挑戰，可是做錯決定怎麼辦？我已經沒有多少時間可以浪費了！

《48天找到你愛的工作》作者丹米勒（Dan Miller）認為，人的工作生涯分成幾個十年，每個階段都存在著可預測模式：

20多歲「學習期」：基本上都在學習，是學習的十年
30多歲「實驗期」：嘗試找出適合自己的事物
40多歲「精通期」：專注你所在乎的事，進而發展出技能，成為專家
50多歲「收割期」：把目前所處的利益位置最大化
60歲以後：指導他人、留下傳承、受人敬重

無論你做對或做錯，你都在進行那個年齡階段的積累，即使做錯決定、挑戰失敗，你不需要回到青少年時期重新來過。因為你已經具備前面累積的經驗和智慧，只要馬上思考所有的可能性，重新整備，很快就能重回軌道。

如果你真的希望能做出改變，風險是一定要冒的。走錯路不可怕，最可怕的是因為害怕失敗，始終在原地踏步的人生。

”

如果你不揮棒，那就是百分之百沒機會。

——韋恩．格雷茨基（Wayne Gretzky）

對工作沒熱情、沒興趣，我該離職嗎？

我很常收到讀者類似的問題：對工作沒有熱情和興趣，卻又不知道自己興趣在哪，而踏不出改變的第一步。其實，工作沒熱情不是你的錯，而是環境的問題。

興趣不等於工作熱情

對工作的熱情，並不是來自自身興趣，血淋淋的例子就發生在我身上。

大學時，我對獨立音樂情有獨鍾，畢業後因為太想進入音樂產業工作，即便有著政大學歷、精通英語，為了進到夢想產業，我也願意領著二十二K，到一間演唱會製作公司工作。

當時，全公司除了老闆娘，就只有我會講英文，於是某次接待外國藝人和隨行樂手的任務，就落到我頭上。演唱會當天，早上七點就到小巨蛋待命，晚上十點結束後，我先領車送藝人搭私人飛機離台，再回小巨蛋收拾場地。

凌晨一點、連續工作十六小時之後，終於下班了。但是因為公司只有我會講英文，四個小時後，我又得去處理樂手送機，更慘的是，台灣是巡迴演唱會最後一站，樂手來自不同國家，所以他們得各自搭不同班機回家。我從早上五點一路送機到下午三點，才算正式下班。

諷刺的是，老闆在演唱會結束時，宣布為了體恤員工，全體員工隔天下午三點再進公司，除了要送機的我。我下班的時候，其他同事才充足補眠、精神飽滿的去上班。

那天下班後，我哭著搭公車回家，學到出社會的第一課：能者過勞，也體悟到剝削、低薪、人際問題、階級制度，種種澆熄工作熱情的事，無論在哪個產業都存在，就算是多有興趣、多夢幻的產業，也是一樣的。

這份工作滿三個月的當天，我就提出離職，頭也不回的離開學生時代的夢幻工作。

為什麼對工作沒有熱情？

既然興趣不是工作熱情的來源，工作的熱情從哪來？心理學中的「自我決定論」認為，對工作沒有熱情，問題出在企業的管理方式。

「自我決定論」認為，人類生來就有自主（Autonomy）、勝任（Competence）、歸屬（Relatedness）三種需求，這三種需求在工作場域的表現則是：

1. 自主：工作具有足夠自主性，自行安排時間、掌握工作進度。
2. 勝任：工作內容是自己擅長的事，可以發揮專業。
3. 歸屬：對公司有強烈的歸屬感，認同公司理念、和同事相處融洽。

也就是說，「用對的方式工作」比「做對的工作」更重要。目標管理法 **OKR**（**Objective Key Result**）的發明人安迪・葛洛夫（Andy Grove）就是發現了「讓員工有參與感」是激發工作熱情的關鍵，才設計出這套給員工充分自主權和參與感、風靡矽谷新創圈的管理方法。

很可惜的是，很多台灣公司的管理方法完全背道而行，我自己就遇過要求部門同事每天一起吃午餐的主管（時間不自主）；高層愛下指導棋，我覺得自己只是一個口令一個動作的螺絲釘（無發揮空間）；老闆連公司核心理念都說不清楚（要賺多少錢倒是說得很清楚），更別說提供員工歸屬感了。所以，對工作沒有熱情不是你的問題，不要太怪罪自己了。

「使命」才是熱情的來源

這麼說來，似乎只有風氣開放的新創，才有可能找到有熱情的工作？當然不是！說穿了，上班就是拿時間和注意力換錢的商業模式，為什麼只有上班才能有熱情？下班後的熱情去哪了？

找不到熱情的根本原因，是因為你還沒找到「使命」。什麼是使命？《先問為什麼》作者賽門・西奈克（Simon Sinek）說：「讓你每天自動自發起床的東西。」

嘉義在地劇團「阮劇團」創團元老之一：阿杰（盧志杰），在海巡署當了十幾年公務員，因為熱愛戲劇，他把下班時間、週末和休假全部獻給劇團，並將酬勞回捐劇團。幹嘛這麼辛苦？因為，在嘉義推廣劇團文化是阿杰的使命。他相信，如果劇團可以吸引更多年輕人加入，戲劇文化就有機會在嘉義生根、茁壯。

阿杰說，做戲劇很累、上班也不輕鬆，但因為有上班和劇團的轉換，生活節奏反而非常順暢，一點都不覺得辛苦，而且當演員收入不穩定，正好有上班的收入支持，對阿杰而言是最理想的生活模式。

自我決定論的自主、勝任和歸屬感不是只有工作才能給你，你可以自己創造、尋找，從職場以外的地方找到使命。

賺大錢不是使命

或許你會想，賺大錢不就是每個人的使命嗎？每個人都想過得舒服，只要賺了大錢，人生就幸福了。事實上，比起自己賺大錢，幫助別人賺大錢，才能帶給我們更多幸福，因為「助人為快樂之本」這句話不是隨便說說的。

從演化的觀點來看，每一種生物活著的目的，就是為了逃過物競天擇、延續物種。儘管人類已經是地球最高等的生物、發展高度文明，我們的大腦還停留在原始狀態。即使地球人口已經快爆炸了，性的吸引力依然非常強烈，足以證明我們的大腦沒有跟著文明進化。

只要是為延續物種盡一份心力的事，大腦都會分泌多巴胺和腦內啡做為獎勵，使人感到愉悅、幸福，例如美食、性、安全、幫助他人。其中，又以幫助他人得到的愉悅，維持更久、影響更多。

成大心智影像研究中心透過磁振造影儀（MRI），觀察大腦對不同情境照片的幸福反應，研究團隊發現：相較於個人獲得冠軍的照片，與他人互動的照片能帶來更多幸福反應，顯示出人際互動的快樂，比個人成就還要多。

「利他」這個機制，早就刻在我們的 DNA 裡了，自己過得好不是使命，幫助別人過得好才是。那個「別人」，不一定是全人類，只要是你在乎的人：家人、朋友、你關心的特殊族群，甚至是社區鄰居，只要讓他們更好，都能成為你的使命。

利他的使命，才是真正帶給我們熱情和快樂的東西，如果能在工作中找到使命，那是最理想的；如果不能，何不把使命留給下班時間？

對工作沒熱情，要離職嗎？

現在你已經知道工作熱情來自環境，當環境不能改變時，則要向外尋找熱情。「我應該要離職去尋找更好的環境嗎？」「我應該要離職去尋找使命嗎？」在衝動提出離職之前，我們還是要回到現實，權衡利弊。

根據國際人資管理顧問公司怡安翰威特（Aon Hewitt）調查統計五十萬人的資料顯示，有六〇％不喜歡自己工作卻還困在其中的人，都拿到超過市場行情的薪資，也就是你被公司的「金手銬」銬住了。

你有房貸、小孩要養嗎？如果你確實需要這份收入，請別輕舉妄動，不妨試試以下幾點建議：

✓ 自己尋找工作中的成就感，給自己設定目標。

✓ 如果你在公司內有影響力，不妨試著推動自主、勝任、歸屬感的工作環境。

✓ 落實「下班後才是人生」，把熱情和使命留給下班。

如果你無債無子一身輕，儲蓄也夠支持一段沒收入的日子，不妨減少出售的時間和注意力，或是乾脆暫停出售，把時間投資在尋找使命，或許有一天，使命反而能為你帶來收入，也就是最理想的商業模式：讓使命成為你的工作。

年終到手，要離職了嗎？

發年終的季節，也是離職潮的醞釀期。

想離職的原因不出這幾個：公司給的薪水太低、和同事相處不好、不喜歡公司文化和制度、管理不夠給力，延伸出的問題可能有不喜歡工作內容、工作沒有成長性、太累、分配不均，或是公司沒前（錢）景等等。

這些問題，大部分都跟「人」有關，但是，我們沒辦法控制別人，所以想解決工作的不快樂，最直覺的方法，就是離職。

但，這真的是個好選擇嗎？

別掉入離職迴圈

如果沒有找到工作的意義，無論離職幾次、換到哪間公司，心中永遠都會卡個小石頭。

工作的意義是什麼？工作，基本上是沒有意義的，以物理上來說，就是拿時間和專業去換錢。如果工作有心靈上的意義，我認為是「幫助他人」。

什麼是在工作中幫助他人？無論是幫助老闆、幫助公司賺錢，或是幫助消費者做選擇、提供消費者更低價的商品，把「工作」當成你的客戶，去滿足客戶的需求，才能找到工作「有意義的意義」。

例如編輯，是在幫助作者把他的知識宇宙，系統性的整理出來，用易讀的方式傳達給讀者；例如行銷人員，一方面幫助公司把產品銷售出去，一方面幫助消費者滿足需求；例如攝影師，幫助導演、業主呈現更好更精緻的畫面，包裝形象；例如飯店櫃檯，幫助旅客完成一趟舒適的旅程；例如剛入行的助理，是在幫助主管完成工作，同時累積自身經驗。

為什麼我認為工作的意義是幫助他人？如果用大自然的角度去分析，原因再簡單不過。我們的大腦，其實沒有比原始人進化多少，住在原始草原、缺乏食物、天天面臨野獸威脅的群居原始人，只有互相幫助、互相守望，才能增加活下去的機會。

也因為這樣，大腦內建了幫助他人就能產生幸福感的機制，一但你幫助其他人過得更好、更安全，增加生存機會，大腦就會分泌腦內啡，讓你感到幸福，鼓勵你繼續幫助其他人類。

此外，如果你能用幫助他人的角度出發，就能用更有全局觀的高度，看待自己的工作。

以往，我工作的動力，完全只為了自己：我要領更高的薪水；我要做出成績優異的案子，讓我可以在履歷上說嘴；我要逼部署做出更好的成績，讓我看起來是個很會領導的主管，以至於最後用了不擇手段的方式給部屬壓力，最後火燒到自己身上，被公司資遣。

如果現在的我回到當時的情境，部署績效差、態度不配合該怎麼辦？我會思考，怎麼處理才是對公司最有幫助的？或許和部屬深談，告訴他我們是合作夥伴，不是上對下的關係，讓部屬放下心防，或許請人資介入溝通，避免正面衝突，破壞整體士氣……等等。反正不管怎樣，絕對都不是用當年不擇手段的方式，逼部屬按照我的方式繳出成績，來充實我的主管成績單。

看到這邊，你可能覺得我在假清高、講廢話，可是不得不說，有時候只是小小轉念，心境就有很大的不同。

換個角度看工作

我經營人生研究所這個部落格、寫電子報，並非沒有厭倦的時候，更何況上班還有固定薪水可領，寫部落格是沒有固定薪水的。

但是只要想到，迷惘的人可能因為我寫的幾句話而受到啟發，改變了一點點想法，而這「一點點」思維的轉變，就能讓人做出和以往不同的選擇。

人生的結果，是無數個選擇累積出來的，這些不同的選擇，不就是從迷惘中走出來的必經之路嗎？就算在三千個讀者裡，真正被我影響的人只有一個，我也是努力在打破主流價值觀，抹除過往大眾教育的遺毒。

想到這裡，我就覺得我不能停下來。

這種感覺，跟上班倦怠想離職，又不知道想做什麼、不想回到人力市場裡被人論斤秤兩，而不得不做下去的無奈感，完全不同。

一樣都是硬撐著向前，但一種是自己想前進，另一種是被現實推著走，你想要哪一種呢？是自主向前，還是被迫前進？

用幫助他人的角度看待工作，你會發現，那些讓你想離職的煩心事，或許都不足以成為你的煩心事，因為工作的意義，來自於你的貢獻和付出，而非自己過得是否舒服。

更何況為人打工，很難有百分之百舒服的時候吧！

你現在的工作是什麼？你如何在工作中幫助他人？無論是幫助公司，包含老闆或主管，或是幫助消費者、幫助客戶，都算是幫助他人喔！

不想上班？擺脫職業倦怠的三個方法

每天起床都不想工作？常常拖延工作，沒有動力？總是在工作中生氣抱怨，而且時不時冒出離職的念頭？你進入工作倦怠期了！

離職是解決工作倦怠最糟糕的方法。你可以透過三個方法，幫自己擺脫工作倦怠：改變自己、向主管反映和正確放鬆大腦，重新找回工作動力。

工作倦怠有哪些症狀？

工作倦怠的英文是「Job Burnout」，意指「燃燒殆盡」，具體表現可能包含：

✓ 容易生氣，常常批評別人

✓ 經常拖延工作

✓ 對同事和客戶缺乏耐心和同理心
✓ 工作效率低落，無法長時間專注
✓ 沒有成就感，覺得自己沒有在進步

除了這些心理上的表現，生理上還可能出現食物或酒精成癮、睡眠品質變差、頭痛、胃痛等等症狀。

為什麼會工作倦怠？

工作倦怠很容易發生在對工作充滿動力、專注且認真的人，對這些人而言，在工作成長和獲得成就感，是人生中很重要的一部分，當工作只剩下領薪水的功能，就會對工作感到倦怠。

讓工作失去成就感的原因，可能有五個原因：

1. 失去工作掌控權

主管太愛下指導棋，要你聽他的指令做事，不讓你有自己的想法，導致你沒辦法驗證自己對公司有沒有幫助，「都給主管做就好啦！」當這樣的想法占據大腦，你已經失去工作的掌握權。

2. 工作權責不清

你不知道哪些事可以自己決定、哪些事需要過問主管，或是不清楚主管對你的期待是什麼，感覺自己在瞎忙，長時間下來很容易造成工作倦怠。

3. 工作太難或太簡單

研究證實，可以讓人進入心流狀態、給人最大成就感，是比你現有能力範圍再難一〇%的工作，因此當工作超過你的能力範圍太多，或是太簡單，就沒辦法帶來成就感。

什麼是「心流狀態」

當你對一件事情高度專注，專注到忘記時間、吃飯和上廁所，同時帶給你極大愉悅感的狀態，稱作心流，是美國心理學家米哈里·契克森提出的理論。

4. 工作量超出負荷

工作多到每天加班還是做不完，怎麼可能做到完美？明知道自己有九十分的實力，但為了把超長的待辦事項清掉，只能交出六十分的東西。沒什麼比無法發揮實力更沒成就感了。

5. 工作不受到重視

辛辛苦苦完成一個案子，老闆卻什麼也沒說，連句感謝都沒有，讓人覺得努力通通付諸流水，懷疑自己對公司到底有沒有貢獻，也沒有得到成就感。

工作倦怠期怎麼辦？

當工作倦怠感襲來時，每天早上睜開眼都很痛苦、不想上班，你應該試試以下幾種解決方法：

一 向內：自己幫助自己

與其期待別人主動發現你的倦怠，不如自己幫助自己！

1. 自己找成就感

重新定義工作的意義：你的工作在幫助誰？你的工作是否為別人提供有用的幫助？如果覺得整理報表很無聊，你可以想想報表最後的用途是什麼呢？如果是給業務部向客戶提案用，你就自己收集成效，親自詢問業務的建議，哪裡做得好、哪裡還可以改進，有沒有幫他們拿下案子？

如果報表是公司內部存檔用，找出去年或更早以前做的報表，現在的自己看得懂嗎？新來的同事看得懂嗎？看不懂的地方，就是你可以發揮空間進步的地方。

2. 自己設定目標

你也可以為自己設定可量化的進步目標，例如：試用三種新的報表製作工具、縮短二〇%報表製作時間、製作五個 Excel 自動化函數……等等，然後把進度計算成%數，看到不斷增加的%數，會給你最直接的成就感。

另一個簡單一點的方法，把每日待辦事項寫下來，完成後用筆畫掉。

請注意，一定要用實體的紙筆畫掉。別小看畫掉待辦事項的威力，《原子習慣》指出，光是畫掉這個視覺動作，就能帶給你心理上的成就感。

向外：尋求改變與支援

1. 請求主管協助

工作上的困難，向上反映是最直接的做法，不過處理不好，反而會得到反效果。向主管反映問題時，請站在主管的立場跟他溝通，而不是強調自己很累很辛苦。

別忘了，人只關心自己，主管關心自己的部門業績、自己的升職和加薪，溝通時請順著他的立場去說服他，例如：

- ✓ 我的工作太多（太難）了，影響到我的工作表現和情緒，可能會導致部門這一季的業績無法達標，也會拖累其他夥伴的進度和士氣（會傷害部門，也就是主管的業績）。
- ✓ 我對工作的主導權太少，雖然你希望按照你的方式進行，但如果我們多試幾種方法，可以增加不同數據紀錄，能當作未來的參考資料（站在為公司考慮的立場）。

✓我的工作太簡單，會浪費公司一個人力，能不能指派大一點的專案給我？有沒有其他同事需要支援？（站在幫公司節省人力的立場）。

2. **吐苦水宣洩情緒**

偶爾向親近的朋友吐吐苦水，讓情緒有個宣洩，也是不錯的方法，朋友也能比較客觀地給你建議，但同樣的事抱怨一次就好，太常抱怨等於不斷散發負能量，久了朋友會不想靠近你。

尤其不要讓抱怨留下文字記錄，特別是別在社群媒體上抱怨，網路世界凡寫過、說過必留下痕跡，你不知道這些文字，可能會在哪天害了你。

正確放鬆大腦：培養興趣

下班後透過休閒活動幫助放鬆，也是很好的做法，也把重心從工作轉移到生活。不過所謂的放鬆，並不是睡大頭覺、無意識耍廢追劇，而是有意識的運動大腦其他部分。

如果你是一位工程師，上班時大量使用負責邏輯的左腦，下班就應該使用負責感性、創作的右腦，繪畫、烹飪都可以嘗試看看；相反的，如果上班時間一直在創作，下班就應該玩數獨或邏輯推理遊戲，這樣才是正確放鬆大腦的方式。

其他理想的大腦放鬆活動：

- ✓ 運動
- ✓ 正念冥想
- ✓ 畫畫、創作
- ✓ 彈奏樂器
- ✓ 運用不同大腦區域的遊戲
- ✓ 看電影、小說

工作好倦怠，我該離職嗎？

我的建議是，不要因為倦怠就輕易離職，，因為裸辭會直接造成經濟上的衝擊，當你看著存款水位不斷下降，新工作卻還沒有方向，心裡會有多慌張呢？

我看過太多例子，迫於經濟壓力，失去選擇工作的權力，最後只能選擇有發 offer 的工作。

萬一你真的很想離職，請至少要達成以下其中一個條件：

✓ 已經盡可能嘗試解決問題，改變了自己、和主管溝通了，狀況依然沒有改善。
✓ 已經存好六個月緊急預備金。
✓ 已經想好離職後的下一步，找好下一份工作或準備開始其他計畫……等等。
✓ 身體亮紅燈，開始出現失眠、心悸、掉髮等生理狀況。

當你已經盡力溝通、解決問題，還是十分倦怠，你該重新考慮你的人生目標與職涯——工作不是生命的全部，而是幫你達成人生目標的方法之一。重新界定人生目標，或許能為你的職涯找出新的道路。

工作越換越差，真的很可怕嗎？

我很常收到這樣的煩惱：不喜歡現在的工作，好想換工作怎麼辦？快要三、四十歲了，沒有勇氣轉換跑道；怕轉換之後自己不喜歡；新的公司沒有現在的舒適……

你也有這種煩惱嗎？冷靜想一想：失敗了又怎樣？你怎麼知道這個失敗是失敗，而不是轉機？更直白的說，不嘗試，怎麼會知道答案？

轉換跑道可能會失敗，為什麼你依然應該要嘗試？

我想跟你分享讀者 Nancy 三十歲轉換跑道失敗的故事。儘管轉換跑道失敗了，但因為這次失敗經驗，更認識自己，找到了更適合的工作。她是怎麼辦到的？

我要一輩子做客服嗎？

二十八歲的 Nancy 原本在一間外商公司擔任客服小主管，這份工作具備幾個令人羨慕的關鍵字：外商、主管、假多、福利好，薪水也高於業界標準。但是 Nancy 並不喜歡。

如果一個人一生處理奧客的數量有個上限，Nancy 覺得她已經超過上限很久了，只要看到客訴信，額頭就不自覺冒冷汗；除此之外，她已經熟悉公司的客服處理流程，普通的、特殊的、各種大大小小的案件都處理過了，現在的工作大同小異，日復一日，已經學不到新東西。

其實，Nancy 默默地對行銷領域有點興趣。客服部有時候會被行銷部找去開會，做行銷活動上線前的會議，她每次都很佩服：行銷部怎麼那麼有創意，每次都能想出這些有趣的活動？

每當又被奧客罵得灰頭土臉時，Nancy 不只一次重新思考轉換職業的可能性：有沒有可能從「被」消費者溝通，轉變成「主動」和消費者溝通的角色？

雖然心中有這個小小夢想，她卻一直沒有嘗試，一方面擔心自己不是相關科系、沒有行銷經驗，投履歷沒人要理；另一方面，Nancy 放不下目前的薪水、職稱和福利，如果為了換工作降薪，每個月的美食踩點速度就得降低；最擔心的是，萬一轉職之後發現不喜歡行銷怎麼辦？要再換工作嗎？既不想再做客服，也不喜歡行銷，那還能做什麼？年紀也不小了，很怕頻繁轉職會讓履歷很難看。

就這樣，被「萬一」卡住的同時，時間也像流沙不停流逝，當 Nancy 發現行事曆上再翻兩頁，就是自己的二十九歲生日了，她不禁想：我真的要這樣跟奧客過招一輩子嗎？我到底做害怕什麼？最後，她問了自己一個很重的問題：

「如果我明天就掛了，沒有做做看行銷，我會不會後悔？」

答案是「會」，所以 Nancy 打開了人力銀行，開始編輯履歷。

意外的三十歲大禮：夢幻工作

大家都說逢九必衰，二十九歲生日 Nancy 低調的過，在人力市場則開始用力高調，凡是行銷相關職缺都不放過。一開始，因為沒有行銷經驗，找的不是很順利，履歷不是石沉大海，就是被已讀不回。

後來 Nancy 改變求職策略：既然沒有經驗，那就用觀察分析的方式累積經驗吧！下班後花大量時間閱讀案例、分析產業動態，用新學到的觀點，給投履歷的公司行銷建議；此外，除了在人力銀行投職缺，Nancy 更主動向心儀的企業投遞履歷，堅毅的精神獲得一家新創公司的青睞，即使公司沒有開缺，仍然破例錄用，相信她能為公司帶來成長。更夢幻的是，這間公司給的薪水和前一份工作相同，簡直就是命定的工作！收到錄取信之後，Nancy 昂首闊步的提出離職，準備擁抱這份簡直為她設計的工作。

BUT，人生總是有這個 BUT，這份工作表面是張機會卡，翻開來才發現，原來這是一張陷阱卡……

什麼才是人生最重要的事？

Nancy 想象中的行銷，是穿著充滿設計感的文創服飾，用 iMac 做做圖，空檔啜飲一口黑咖啡，上班時間就是放空、動腦、找靈感，每天都充滿創意與朝氣。然而，真正的行銷完全不是這樣。行銷的一天充滿無數變動，上次做了一篇爆紅貼文，今天用同樣套路再做一次，卻沒人要看；隨便交差的提案，公司覺得很 OK，拔光頭髮想出來的創意，卻被主管擋下，完全不知道標準在哪；再加上，新創公司的組織架構很混亂，專案做到一半，又要換合作夥伴，又要重新說明專案內容，又要開無數個會，又是無數個加班的夜晚！

Nancy 已經習慣大公司的規則和流程，很不能適應充滿變數的工作內容和環境，她發現真正的行銷和想像中的行銷，是北極和南極的距離！根本沒時間買什麼設計感的衣服，咖啡倒是喝了不少，因為才上工沒幾週，Nancy 就壓力大到經常失眠。

輾轉難眠的夜晚，Nancy 不停質疑自己：我是不是不適合行銷？當初轉換跑道的決定，是不是錯的？這份工作好不容易爭取到，就要這樣放棄嗎？沒有其他專長的我，是不是只能回去當客服？無論怎麼想，最後都會想到同一處去：

「我是不是很廢？」

Nancy 在這個關口，寄信給我。我提醒她：

「你的理想生活，到底是什麼？你的各方面：健康、家庭、朋友、財務和事業，是怎麼配合、怎麼排出優先順序？什麼才是你人生中最重要的事？」

她想了想，回信給我：

「雖然不知道轉職的決定對不對，但無論怎樣，健康絕對比事業重要一百倍。」

她終於下定決心，在新工作滿三個月的同時，提出離職，離開這份辛苦爭取來、曾經以為是夢幻工作的地方。

換個方向重新出發，風景更美

該說巧還是不巧？Nancy 才剛離職就遇上疫情爆發，工作不好找。幸好 Nancy 還有一些積蓄，不急著找工作，於是 Nancy 趁這段時間放慢腳步、沉澱自己，除了大量閱讀和思考，也持續和我通信。

她既不想回去做客服，也不可能再嘗試行銷，正在職涯的十字路口迷惘。我請她做些心理測驗，從旁觀者的角度了解自己，Nancy 發現，自己其實是喜歡規則和流程的人，因此對行銷充滿變化的環境很不適應；我也請她利用「自我觀察表」（詳見第五章二二八頁使用說明），拆解、分析先前的工作內容，發現自己在客服工作中，「與人溝通」是做起來得心應手，也不算討厭的工作。

研究幾種結合「流程」和「溝通」的工作，Nancy 最後往「產品經理」的方向前進，到一間軟體公司任職。

Nancy 說，她從沒考慮過做產品經理，開始做了之後卻發現，意外的適合自己！產品經理就像企業的大腦，接收需求，傳遞指令，Nancy 很享受這種四方溝通、把亂七八糟的需求，整理成清晰規格的過程，既符合她的個性，也讓過去在客服工作累積的專業發揮價值。

Nancy 之所以能對新工作滿意，是因為她滿足了「職業認同理論」的四個要素：全新領域帶給 Nancy 新的挑戰，一一克服的感覺，提供她勝任感（competence）；產品經理是一個很清晰的職業承諾（commitment），報酬（compensation）也不差；最重要的是，因為經歷一番曲折，才找到適合的工作，這段曲折正好鑲嵌進她的人生故事，也就是理論中所說的「滿足感」（contentment），才能對新工作感到滿意。

不怕失敗，只怕煩惱不曾嘗試的事

現在，我沒有和 Nancy 通信了，因為她已經在工作中找到自己的價值。我們往來的最後一封信，我問她：「你曾經感到後悔當初嘗試轉職嗎？」

「完全不後悔。如果當初因為害怕失敗而不敢嘗試轉職，現在還會繼續做著討厭的工作，下班只能跟朋友抱怨抒發情緒，浪費大把珍貴時間；如果不是轉職行銷失敗，我也不會發現適合自己的新工作。」

勇敢給自己一次機會吧！你以為的失敗，或許都是人生的轉機。如果你依然在質疑自己：「要是我沒有那麼好運呢？」「要是我轉職失敗，還是不知道自己想做什麼呢？」就像我在開頭說的，不去試試看，怎麼會知道問題的答案？

轉職失敗不是浪費時間，而是像 Nancy 在信裡說的：「煩惱不曾嘗試的事，才是真正浪費時間。」

找不到適合的工作？那就自己創造一個

不確定現在的工作適不適合你？不喜歡現在的工作，做得不開心想離職？種種工作的煩惱，都是因為你還沒找到工作的意義！

文章開始之前，我想問你兩個問題：

1. 工作的意義，除了錢，還有什麼？
2. 世界上真的有「適合自己」的工作嗎？

你的答案是什麼？

過去，我曾經血氣方剛地認為工作就只為了錢。但經歷過被資遣、待業、再就業，再到開始寫部落格，我對工作有了不一樣的看法。

工作的迷惘無法靠一篇文章就擺脫，但希望我的體悟，可以改變你對工作的觀點，朝「幸福工作」前進一點點。

適合的工作真的存在嗎？

我們先來定義，什麼是適合的工作？對我來說，適合我的工作是：

✓ 工作內容有點挑戰性，又不是完全陌生的領域
✓ 提供員工充足學習資源，補助講座、課程和書籍
✓ 薪資和工作量合理搭配
✓ 十一點上班，不需打卡，工作完成即可下班，沒有午休時間規定
✓ 公司沒有 Line 群組，公私分明，下班後不會被公事打擾
✓ 不強迫同事一起吃午餐、下班後聚餐
✓ 提供筆電辦公，可以在任何地方工作
✓ 通勤時間四十分鐘內

✓ ……

結果就是，毫無交集。

影響工作適不適合的因素實在太多了：從看得見的工作內容、薪資、專業成長、公司制度、通勤時間，到看不見的潛規則、管理方式、同事相處氣氛，以及和主管合不合拍……

找工作就像談戀愛，你很難找到完全適合的人，不管對方再好，總有不適合你的缺點，一旦發現缺點，就會無限放大缺點，認為自己不適合這個工作。所以，適合的工作，並不存在。但是，讓我們換個角度思考——

問問你身邊熱愛工作的人，現在的工作適合自己嗎？沒有人會說不適合吧？為什麼自己時運不濟、找不到適合的工作，而他們卻那麼幸運，找到命定的適合工作？

並不是因為你運氣比較差，而是他們賦予了工作金錢以外的意義。工作不適合是個假議題，真正的問題，是你還沒找到工作的意義。

如何找到工作的意義？兩個步驟：一、轉換自己的商業模式，二、目標驅動的商業模式。

《一個人的獲利模式》提到，只要有金錢流動，就是一種商業活動，就能分析商業模式。所以工作賺錢，也是一種商業活動。

步驟一：轉換自己的商業模式

讓我猜猜你現在的商業模式：你的工作、職位決定你有多少收入，收入轉換為支出，換成延續你生命的資源，例如：租房、吃飯、娛樂，你再投入時間到工作……不斷循環。

為了讓自己更舒服，你追逐更好的工作、更高的收入，才能支出更多。你的商業模式，是從「工作」為出發點，就像一隻在老鼠滾輪瘋狂奔跑的小老鼠，拔腿狂奔卻原地不動。（圖一）

現在，把「工作」改成「客戶」，然後想像自己是一間企業，把自己放在商業模式中間。企業透過服務客戶賺錢，你也是。你可能想問，我的客戶是誰？有權決定給你多少錢的人就是你的客戶，通常是你的主管或老闆。（圖二）

企業努力提升客戶滿意度，讓客戶願意付更多錢，才能提升營收。身為一個工作者，你要如何提升客戶滿意度？有兩種方法：

圖一

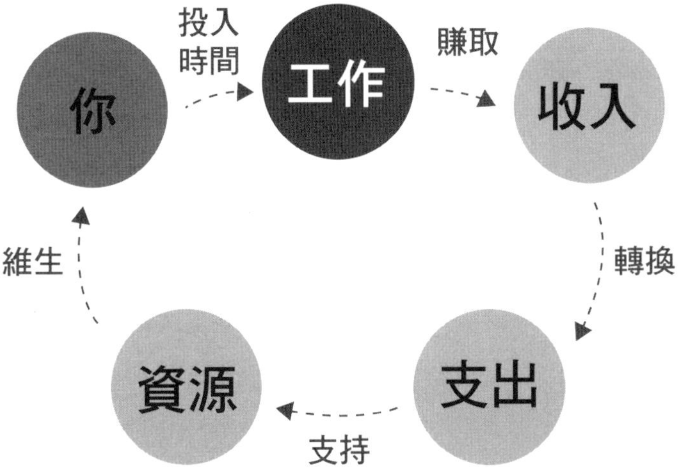

圖二

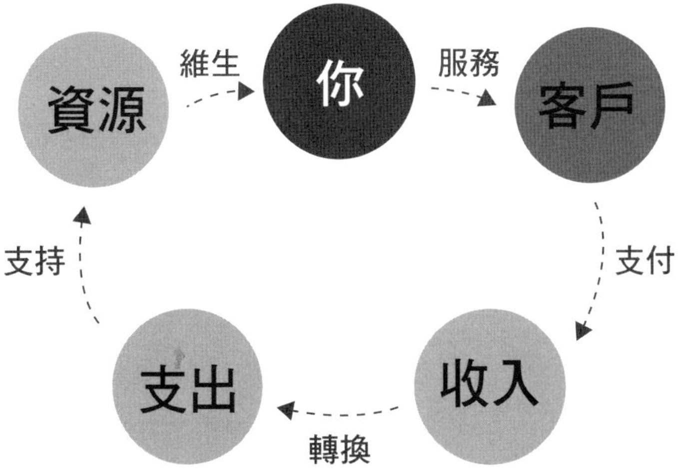

1. 投資自己：提升自己的專業，幫客戶創造更高的業績；也可以買別人的服務，換取更多休息時間，提升服務品質。

2. 弄清楚客戶需求：老闆請你來上班，是買你的時間幫他辦事，你就是老闆的分身；如果老闆授權給主管，那你就是主管的分身，客戶想要完成什麼事？工作上有什麼偏好？站在他們的角度去幫助客戶吧！（圖三）

這個轉換，是把自己當作商業模式的出發點，而非你所在的工作、職位；把工作改成客戶，讓心態從「你能做什麼」變成「你為客戶做什麼」。

記住，你是一間企業，提供專業又細緻的服務，能為你帶來高額營收。

步驟二：目標驅動的商業模式

最理想的商業模式，是從你的人生目標出發。你在服務客戶的同時，客戶既能支持你的目標，同時支付你薪水，這份收入換來的資源，又能支持你的目標。（圖四）

圖三

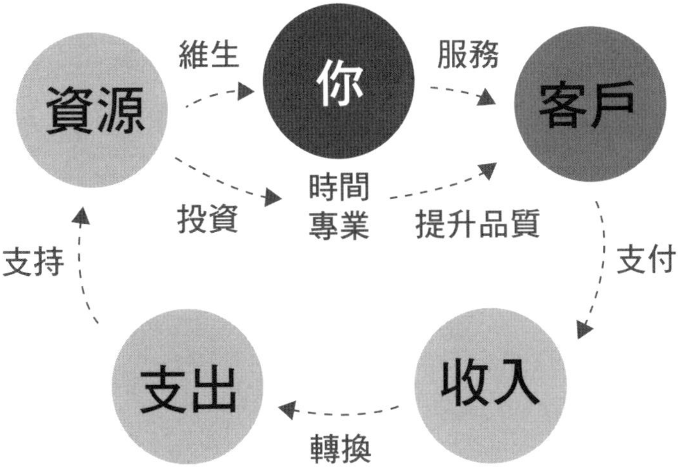
維生
你
服務
資源
客戶
時間
專業
投資
提升品質
支持
支付
支出
收入
轉換

圖四

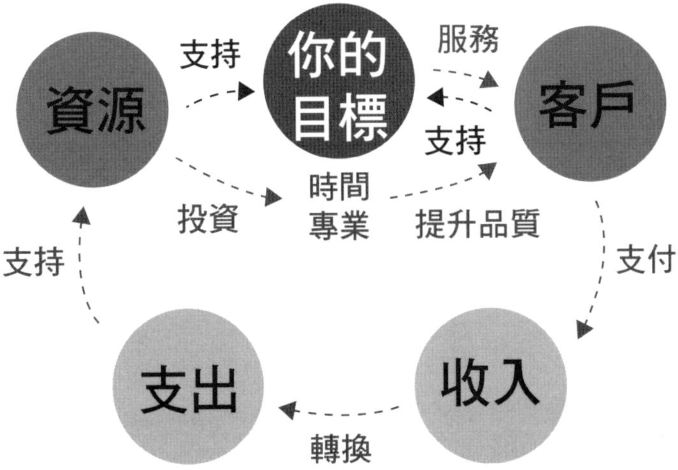
支持
你的
目標
服務
資源
客戶
支持
時間
專業
投資
提升品質
支持
支付
支出
收入
轉換

所謂客戶的支持，是客戶能為你的目標提供金錢之外的支持。有點難懂嗎？讓我說說朋友 E 的例子，他是我見過把工作和人生配合得最好的人了。

E 很年輕就確定他的人生目標是「環遊世界」，他如何打造適合自己的商業模式？工作如何支持他的目標？

首先，他把英文練到可以閱讀、溝通，又學習無論到哪個國家都能用的語言：程式語言。擁有一定的專業後，他為台灣企業的海外產品部門服務，獲得短期派駐日本的機會。

他領到的薪水，除了維持生活所需，也拿去上課進修，持續提升程式語言能力。後來，E 拿到新加坡工作機會，一邊工作、一邊遊歷東南亞各個國家；目前，E正在歐洲工作，不時在 IG 分享最近新插旗的國家。

E 的目標，不是去國外工作，而是更後面的環遊世界，因此他很清楚工作對他的意義：帶他到更遠的地方。

這個故事有兩個重點：

1. 客戶能提供的金錢之外的支持，通常不外顯，要靠自己發現。例如，公司的彈性出勤制度，得以支持你的不離職創業；公司鼓勵成立社團，正好用這個福利，學習想學的知識……等等。

2. 要清楚自己的人生目標。所謂人生目標，是指職涯以外的目標，你的理想生活是什麼樣子？如何調配你的工作、財務、家庭和人際，才能實現理想生活？工作只是人生的一小部分，不要誤把職涯目標當成人生目標。

找不到適合的工作，何不自己創造？

如果你已經清楚自己的人生目標，想在人力銀行找一份支持目標的職缺，簡直像在大海撈針；好消息是，我們生在網路時代，有豐富的資源和機會，何不如自己創造一個工作？

我非常喜歡《順流致富 GPS》裡的一段話：

「人力銀行是最難找工作的地方，你看到的，都是別人想好的、針對他們需求開出來的職缺。要創造財富，你不能只是「找」工作，你要「創造」一份工作！」

雖然這段話以追求財富的觀點出發，但把「創造財富」四個字改成「幸福工作」，也完全通用：你應該創造有意義、最適合自己的工作！

創造適合工作的兩種方法

▌創業

創業，就是最直接創造工作的方法。有了網路，很多創造個人資產的輕量創業，都值得嘗試：電商、自媒體、開發軟體、線上課程……等等。如果有心創業，就要把商業模式想得更清楚，強力推薦《一個人的獲利模式》，它為我的部落格經營帶來非常多啟發。

▌毛遂自薦求職法

抱著為客戶解決問題的態度，主動投遞支持你目標的理想工作吧！記住，你是一間企業，提供專業又細緻的服務，你會弄清楚潛在客戶的需求，並且有能力幫助客戶解決問題。

確定資源足夠，才能離職

這兩種方法看得你心癢癢嗎？我必須老實跟你說：就算再不喜歡現在的工作、想立刻一走了之，如果你沒有足夠維生的資源，就不能貿然離職，一旦生活有經濟壓力，就會造成焦慮，焦慮會讓你無法做出理智決定。在你還需要薪水支持生活時，你可以選擇不離職創業，也可以一邊工作、一邊毛遂自薦。

總之，找到適合工作的祕訣就是：把自己當成一間公司，你的商業模式是目標驅動，同時滿足客戶需求，又能實現自己的目標。

請下載空白「商業模式表」，開始規劃自己的商業模式吧！

「你」的商業模式是什麼？

有一次，我收到讀者 April 的來訊，想詢問離職與否的建議：

「我一直有在做自己的部落格，雖然規模不大，但現在的工作沒有成長性，是否應該要放手一博，辭職全心投入部落格？」

「你的部落格開始有收益了嗎？」

「還沒有耶！」

「那我會建議你先不要貿然離職，你可以試著用商業模式來分析現在的狀況。」

「商業模式？是指部落格如何獲利嗎？」

「當然那也是一種商業模式，不過我指的是「你」這個人的商業模式。」

「『我』也有商業模式嗎？商業模式不是企業才需要煩惱的嗎？」

你是哪一種商業模式？

相信你對商業模式的定義並不陌生：企業提供服務或產品滿足客戶需求，以換取收入或其他回報。企業必須找到一個可以獲利的商業模式，才能存活下來。

例如現在在你手邊的50嵐，在星期一下午提供你因為用腦過度而缺乏的糖分和熱量，只要一通電話過去（或在手機上滑幾下），就能一手交錢、一手交貨；又例如Google，提供無限多個廣告招牌（每個關鍵字都是一個招牌），透過演算法精準投放給有需要的顧客，藉此向業主收費。

你可能會和April想的一樣，認為商業模式是企業才需要煩惱的，不過，身為一個具有獨立能力的大人，不也是用這樣的模式在社會上生存嗎？

我們每個人都是一間公司，為公司／企業／主管／客戶提供你的專業或時間，除了換取收入，也從中得到經驗累積，完全符合商業模式的定義。

不過，個人的商業模式，不只是這樣一句話就能帶過，我認為還可以再細分成三種個人的商業模式：

第一種：為別人工作

世上超過百分之六十的人都在採用第一種商業模式：去公司上班。這種商業模式的好處是可以帶來穩定現金流，缺點是上班會占用一天大部分的時間，且常常需要聽命行事，發揮空間有限。

為別人工作還有另一種常見的形式：接案。雖然接案看起來是自己出來開業，比上班有更多時間自由，做的事情還是受到客戶的控制。

第二種：為自己工作

第二種商業模式，是擁有屬於自己的品牌資產，培養一群認人不認事的粉絲或忠實顧客，例如成立自媒體、電商、開店等。

為自己工作的優缺點正好和第一種商業模式相反，你可以做自己喜歡、有熱情的事，也可以自己決定做哪些事、什麼時候做，缺點是金流相對不穩定，帶來的安全感也比較低。

第三種：讓別人為自己工作

第三種商業模式，是讓別人為自己工作，最常見的就是創業家。創業家除了有自己的品牌資產，還會雇用別人來把自己的品牌資產做大、做廣。

第三種商業模式的優點，是你的收入有機會槓桿倍增，缺點是背負的責任和壓力更大，每個決策都會左右公司的成敗和員工的生計，創業家除了要懂自己產品的專業，還要懂得如何管理。

最好的個人商業模式是什麼？

看到這裡，你是不是以為我要開始鼓吹大家往第二或第三種商業模式移動？答案是NO！我不認為世界上有最好的方法，只有比較適合你的商業模式。

有人比較喜歡待在公司裡，看到存摺每個月都有一筆錢穩穩進賬，最讓人安心；有人崇尚自由勝過金錢，因為不想在公司和幾百個人共用四個馬桶，寧願在家自己工作（也是我成為自由工作者的原因之一）；也有人懷抱改變世界的夢，像賈伯斯或伊隆馬斯克那樣，尋找能和他們改變世界的戰友。

如果硬要說哪一種方式最好，就分散風險的觀點來說，我認為最好三種商業模式都用上。

我們透過第一種商業模式，在企業內工作，創造穩定的現金流，支持我們的吃飯、房租、生活開支……等等；然後利用下班和假日，把時間投入第二種商業模式，為自己工作、擦亮自己的招牌。

這裡我想特別說一下，如果你沒有特別想做的事、不想另外經營一個「自己的品牌」，你也可以在第一種商業模式之下，實踐第二種商業模式。

很繞口的一句話，什麼意思呢？把你在工作上的經驗和專業分享出來，累積自己的職場招牌，例如經營 **Linkedin**、討論技術的部落格等，營造專業形象，也是實踐為自己工作的一種方式，同時也能成為第一種商業模式中的談判籌碼，是很好的投資。

「那第三種商業模式呢？」你可能想問，我總不可能一邊上班，一邊雇用別人為我工作吧？

其實能為你工作的不只有人，「錢」也能為你工作！把你在前兩種商業模式賺到的錢，撥一筆錢出來做一些穩健投資，讓錢錢小兵為你另開戰線，穩固安全感的地基，也讓你有底氣降低對第一種商業模式的依賴。

所以，要不要離職經營自媒體？

回到 April 的問題，工作沒有成長性，要不要離職創業？我的答案是：雖然第一種商業模式的工作沒有成長性，但它依然能帶來穩定的現金流，不妨把成長的渴望，移到第二種商業模式中，做自己想做的事、擦亮自己的招牌，然後撥出一部分收入，進行投資理財，讓錢為你工作。

持續這種狀態，直到第二種商業模式帶來的收入，能負擔你最低的生活開支，才去思考是否要離職？離職後多出來的時間，投到第二種商業模式中，能帶來更多收入嗎？

當你有能力回答 YES 的時候，相信你已經有更穩固的經濟基礎，也對第二種商業模式的方向更有把握，此時才是最佳的離職時機。

四個指標，找到喜歡的工作

我常常收到工作迷惘的來信，其中頻率最高的煩惱是：不知道想做什麼工作、對什麼都沒有興趣、如何知道自己喜歡什麼？找不到喜歡的工作怎麼辦？我也有過很長一段職涯迷惘期，經過這幾年的學習和思考，我已經找到想做的事，也在做喜歡的工作了。

為什麼不知道自己喜歡什麼工作？

首先，來談談不知道自己想做什麼的原因吧。從讀者的來信和我的經驗中，我歸納出五個最主要的原因：

一 工作不開心＝不喜歡？

對現在的工作不滿意，就是不喜歡這個工作嗎？工作除了專業，還牽扯許多複雜的因素：企業文化、辦公室氛圍、人際相處、主管適合度……等等。

不滿意工作而離職的人，幾乎都是因為少數職場的負面經驗，而認定自己不喜歡這個工作。然而，人類會不自覺地放大負面經驗，蓋過所有在工作中的正面體驗，例如：被主管罵了一次，就否定自己在工作上的所有努力；和同事發生摩擦，就忘記和夥伴燃燒熱血設計出的好產品；對公司出勤政策不滿，就不覺得商業談判有什麼有趣的了。

你真的不喜歡這個工作嗎？還是你只是不喜歡現在公司的環境？

不喜歡某項工作＝不喜歡這個工作？

以我的行銷專業為例，工作內容包含了：策略發想、預算規劃、開會溝通、數據整理、廣告素材設計、文案寫作、專案企劃、活動策劃、廠商聯繫……等等。這麼多工作中，我最討厭的是廠商聯繫，窗口老是喜歡拐彎抹角，有些業務講話更是遮遮掩掩，好像怕被我發現什麼重大商業機密。每次掛上電話，我都得先深呼吸三次、冥想五分鐘，才能繼續工作。

但是，光是討厭與廠商聯繫，就代表我討厭行銷嗎？其實，我也很喜歡文案寫作、數據整理，偶爾也對自己沒有藝術背景，卻能設計出蠻入眼的廣告素材而開心！

就像前面所說，人會放大負面經驗，你討厭某幾項工作內容，不代表你不喜歡這份工作，你需要有意識的觀察自己的喜好。後面會談到實際做法。

把自己侷限在學歷、專業、年紀

沒釣過魚，怎麼知道自己喜不喜歡釣魚？要找到喜歡的工作，就必須不斷探索未知領域。但是，我很常收到讀者來信，說自己因為學歷／專業／年紀，不敢，或不能跨出熟悉的領域。說到底，給自己那麼多侷限，終究只是因為害怕而已，我身邊就有一大堆科系和職業完全無關的朋友：護理系畢業去當工程師；法文系畢業轉做行銷；也有四十五歲決定打掉重練，從零開始學習室內設計的人。

過去我曾面試過沒經驗的行銷求職者，對我來說，合格的人選並不是拿得出多專業、多正確的東西，而是展現出主動學習的心態，即使專業還不到位，甚至理解有錯，都不打緊；專業和能力都能培養，前提是「有心」，只要有心學習，就培養的起來呀！有心，無論是什麼科系畢業、之前做什麼工作、幾歲的人，都能擁有的。

所以，你還要用學歷／專業／年紀來恐嚇自己嗎？如果喜歡的工作在你的能力圈之外，若不把圈圈畫大一點，要怎麼得到它？

困在薪資的牢籠

另一個很常被問到的問題，是捨不得放下現在的高薪，去做另一個可能喜歡、但必須降薪，或比較初階的職位。

仔細問下去，這類人經濟壓力通常都不大，畢竟如果被帳單追得喘不過氣，喜歡與否絕不是選工作的首要考量。那你為什麼需要這份高薪？你有需要那麼多錢嗎？

因為你太在乎別人的期待了！別人是誰？可能是愛拿親戚小孩和你比較的父母；可能是三年才會在同學會上碰面的同學；也可能是……可能你根本不知道「別人」是誰，單純覺得薪資水平＝你的成就高低。

著名的社會心理學實驗：「米爾格倫實驗」證明，人會盲目地服從權威，小至父母的規定，大至文化的潛規則，這種特性讓我們不去思考權威是否正確，就像即使我們不需要那麼多錢，還是跟著社會風氣追求高薪……高階經理人用生命換取一輩子都花不完的錢，只為證明自己的成功。

了解這點之後，開始練習放下別人的期待吧！

【米爾格倫實驗：為何納粹可以義無反顧的殺人？】

一九六〇年代，社會心理學家米爾格倫想了解，為何納粹可以冷血殺死無辜的猶太人？執行殺人的士兵，是否只是聽命行事，根本不知道原因？他設計了一場驚悚的實驗：

他請不知情的實驗參與者扮演「老師」，只要另一個密閉房間、由實驗人員假扮的「學生」答錯問題，「老師」就會在實驗人員的要求下，電擊學生，並且每次加大電擊力道。

「老師」會聽到預錄的慘叫聲，隨著叫聲越來越慘烈，甚至不再傳出聲響，「老師」雖然會遲疑，但實驗人員強烈要求「老師」繼續實驗，六成的「老師」會繼續電擊，直到電擊強度開到致死量的兩倍。

這個實驗告訴我們，人在權威壓力下，即使心裡認為命令有道德問題，還是會執行命令，而不去探究為什麼要下這個命令，證明人類會盲目服從權威。

誤會自己的性格

最後這點，是發生在我身上的故事。

學生時代，我總以為自己喜歡逗人發笑，是外向活潑、充滿創意的象徵，高中毫不猶豫選擇文組，大學也選了最不按牌理出牌的廣告系。然而，畢業後進入行銷產業，我發現我的創意力有如沙漠般貧脊，老是寫出「走過路過千萬不要錯過」的老派標語，辦活動也只能分享、抽獎、隨便搞。（「隨便搞」三個字是為了湊音節，你看，我多沒創意啊！）

但是，我卻對收集和整理數據很有興趣，在沒人要求的情況下，自學 SQL、自己進資料庫撈數據，再用 Excel、Looker Studio、Power BI 等等工具，從凌亂數字海中，找出有價值的訊息。

不過，畢竟行銷還是看重創意成分，想當然我的行銷路走得不順，不僅沒有代表作品，還做到被公司資遣。因為這次資遣，我進入人生迷惘期，陷入不知道自己喜歡什麼工作的困境中。

為了重新認識自己，我做了幾個心理測驗，才發現：原來我徹底誤會自己了！其實我是個內向、條理分明、喜歡效率和自動化系統的人，而不是過去一直以為的外向和創意。

也許你不知道自己喜歡什麼工作，是因為你以為應該要往北邊探索，但你的南極星一直都在南邊啊！

從這四個指標，找出喜歡的工作

歸納完五個工作迷失的原因，我整理出四個觀察指標、設計了一份「自我觀察表」（由下方 QR Code下載），幫助你在現有的工作中，有意識地找到自己喜歡什麼、不喜歡什麼，進而探索新的工作可能。

請你在觀察表上細分工作項目，並且按照「投入程度」「能量消耗」「主動學習」和「跨領域應用」四個指標，去紀錄自己對每項工作的喜好程度，當你有些新發現或小感想，可以一起記錄下來。

除了把檔案印出來使用，也能直接記錄在 PDF 上，或是按照相同邏輯，記錄在別的地方。

找到心之所向是一段旅程，我建議每一至三天就寫一次觀察表，持續至少三週，才能看出一些線索。

投入程度

「投入程度」，指的是這項工作吸引你的程度，分數從 -5 到 +5。負分代表這項工作會讓你分心，做一做就忍不住逛個臉書、IG，或明明沒尿意卻想跑廁所，再順便裝個水。程度越嚴重，分數越低。如果開始工作之前，一直做不重要的雜事來拖延工作，那就勇敢給它一個 -5 吧。正分代表你可以專注地做這項工作，你不會主動滑臉書，但可能會因為查資料而稍微分心一下。專注程度越高，分數越高。

當你完全投入某個工作中，會讓你忘記時間、感覺不到口渴和飢餓，完成工作時，心情很爽、很愉悅而且充滿成就感，就代表你進入了「心流狀態」。

心流是非常重要的訊號，大腦在告訴你：「我喜歡這件事！這不是工作，而是好玩的遊戲！」如果心流狀態出現了，記得在心流的框框內打勾。

能量消耗

「能量消耗」指的是這個工作帶給你正面能量，還是負面能量？分數也是從 -5 到 +5。

如果完成一件正面能量的工作，你會像運動完，雖然身體疲累，但是心情是開心、充滿活力的，可以接著做下一項工作；相反的，完成一件負面能量工作會讓你筋疲力盡，必須休息五分鐘、吃點零食、做十個深呼吸才能繼續工作。通常我和廠商講完電話，和洗完晚餐的碗，都會有這些症頭。

主動學習

第三項指標「主動學習」：下班後，你還願意主動精進這項技能嗎？是的話就打勾。

精進技能的範圍很廣，不是只有正經的上課才算，即使只是上網多搜尋一個語法、主動閱讀產業相關新聞也是，代表這項工作讓你願意進步，你或許沒那麼討厭它。

跨領域應用

最後一個「跨領域應用」：你會不會主動把這項技能，應用在生活或其他領域中？例如：工作包含了價格談判，你會不會想把價格談判應用到生活中，比別人更容易殺價成功？

像我就把工作中學到的 Excel 技巧，設計成各式各樣的生活管理表格：菜單規劃表、自動化記帳表、股票管理表……等等。至於打電話給水電師傅，就丟給老公做吧，我就討厭跟廠商通電話嘛！

看看我的範例：

工作項目	投入	心流	能量	主動學習	跨領域
串接廣告後台到 Looker Studio	± 3 / 5		± 4 / 5	✓	✓
在試算表整理活動數據	± 5 / 5	✓	± 4 / 5	✓	✓
安排下一季時程	± -1 / 5		± -2 / 5		
和工程師討論功能需求	± 3 / 5		± -5 / 5	✓	
研究上一季會員註冊狀況	± 5 / 5	✓	± 5 / 5	✓	
動腦會議	± -3 / 5		± -5 / 5		
詢問代理商價格方案	± 2 / 5		± -5 / 5		

觀察表告訴我們什麼？

當你累積一段時間的觀察表，可以看出自己並不是全然討厭現在的工作。接下來，你要做的是「放大喜歡的，減少討厭的」，把心力聚焦在喜歡的工作上。

如果打算轉換跑道，請想想看：這些讓我投入、精力充沛的工作，組合起來，可能會是哪些工作？面試的時候，也可以問面試官，這些我喜歡或討厭的工作，可能占多少比例？

如果沒有意願轉換跑道或換公司，你應該改善現有的工作流程，或請主管調整工作內容。如果你熱愛創意發想，除了做好份內的創意工作，還能主動參與別的專案、一起幫忙發想，發揮自己所長；如果寫報告讓你身心俱疲，試著建立一份報告模板、寫作SOP，減少每次寫報告要耗費的精神，或是跟主管討論，把文字報告交給別人來做。

世上沒有一百分的工作，但是「放大喜歡的、減少討厭的」，我們可以把工作滿意度從六十分，慢慢提升到九十分。到那個時候，你還會不知道自己喜歡什麼工作嗎？

希望讀完這篇文章的你，能了解自己工作迷惘的原因，或是認真思考可能的成因，也希望你透過自我觀察表，開始有意識地觀察自己喜歡什麼工作。期待有一天，經過努力探索，你會開始熱愛你的工作，每天都能愉快地去上班，帶著滿滿的成就感回家。

還在想離職不離職？用「測試」來決定吧！

最近不約而同收到幾位公職、軍警學校讀者的來信。問題都差不多：

「公家機關的工作環境真的讓我很痛苦，我是否應該要離職，尋找自己的熱情所在？」

「完全無法適應軍警學校的團體生活、學長姊制度，光是還沒畢業就這麼慘烈了，不敢想像未來真正進入軍警這個職業之後會有多痛苦……」

這些問題的後面，一定還會跟著另一個問題：

「可是很難放棄現在穩定的收入，不知道該怎麼辦？」

月有陰晴圓缺，這樣的問題也會週期發生，可見有多少人明明不滿意現在的工作，卻不敢離職。

人生只有「離職」或「不離職」兩種選項？

公務員阿甄是我的表姐，雖然大我四歲，但是我們關係很親近。

阿甄功課好又多才多藝，能動能靜，是媽媽訓話時一定會提到的榜樣：「你看看人家阿甄，書念得好還玩社團，你呢？……」

她很幸運，大學一畢業就順利考上公職，爸媽也樂歪了！甚至席開三桌宴請整個家族，一起慶祝阿甄即將迎來一個可想而知的穩定人生：穩定的收入，穩定的工作環境，穩定的結婚、買房、生子……阿甄似乎已經踏平人生所有的障礙，只要緩步前進，攻頂就是囊中之物。不過在那場宴席上，我瞥見阿甄的眼神閃爍了一絲不安。

三年過去，阿甄家竟然鬧起了家庭革命，原因是她想離職，爸媽當然不同意，開什麼玩笑，怎麼可以丟掉人生的鐵飯碗！阿甄想離職的原因，就如你所想像的，公職雖然穩定，卻非常不自由：長官的命令就是天意，不可違抗，工作完全沒有自主權；如果被派到不喜歡的職位，不動用關係就無法調到理想職位；往後的職涯已經畫好格子，雖然可以一步一步往上爬，人生的天花板卻也一抬頭就看得見。

阿甄開始覺得未來沒有希望，上班給她巨大的壓力，每天處在高壓之下，讓她慢慢出現一些不良生理反應：莫名哭泣、憂鬱、失眠……等等。壓垮阿甄的最後一根稻草，是那年的考績剛好輪到她被打乙等，阿甄爆炸了。她堅持要離職，不想再為愚蠢的制度損耗身心健康，而她爸媽堅持不能離職，先維持穩定收入，再想其他方法減輕壓力。家庭戰爭陷入兩難：離職，收入不知道該怎麼辦；不離職，身心繼續受到折磨。

等等，難道現在能做的，只有離職或不離職嗎？

老實說，沒人知道離職或不離職，哪個才是最適合阿甄的選項，即使我研究人生職涯主題這麼多年，同樣的問題發生在我身上，我也不知道離職或不離職的結果可能是什麼，哪個比較好。

「在不確定結果的條件下，做出職涯重大決定，希望贏得更好的人生」，這不就是賭博了嗎？拿人生當籌碼，風險不會太高了嗎？

或許你會想問，「可是，木木，我真的很討厭現在的工作，每天起床都想離職，難道我只能這樣坐以待斃嗎？」

你有沒有想過，為人生做一次 A／B 測試，測試看看離職後的人生會如何呢？

A／B 測試是我以前在 App 公司工作時，經常使用的測試方法，目標是從 A、B 兩個版本中，根據數據表現來決定最終發布的較優版本。

A／B 測試分成三個步驟：

1. 假設：假設在 App 畫面增加一個按鈕，可以提升訪客停留時間。
2. 測試：把訪客分成 A、B 兩群人，A 群使用有按鈕的版本，B 群使用沒有按鈕的版本。
3. 驗證：最後看哪一組的停留時間比較長，來決定最終版本是否要增加按鈕。

＊

阿甄的家庭革命，最後止戰於折衷方案：留職停薪一年。一方面保留繼續工作的 A 方案，一方面測試離開公職後的 B 方案，看看這兩種方式，自己更喜歡那種。

留停期間，阿甄嘗試各種工作型態。她試過做股票當沖賺錢，發現當沖壓力太大，無法持續；也試過當家教，但是和中二學生及恐龍家長交戰過後，阿甄選擇繼續龜在家；她也試著當家庭主婦，但是深具男女平權意識的阿甄，無法接受老公下班後只會翹腳滑手機。

雖然她很努力嘗試各種離職後的可能，但看到存款水位一直下降，變得越來越不安，原本獲得改善的失眠，又重新找上門。

一年後，留停結束，她也完成了一次 A／B 測試：「做討厭的工作，但有穩定收入」和「自由自在，但收入不穩定」這兩種版本的生活。相較之下，她更喜歡有穩定收入的版本。

所以，這次阿甄心甘情願重回公家機關上班，也很少再聽到她抱怨工作了。

改變的關鍵

我曾經問她，改變的關鍵是什麼？她回答我，在外面走了一圈，才知道「做不喜歡的工作，不一定是最糟糕的生活」。

現在，阿甄把工作當成生活的投資，因為好好上班，下班後就能好好享受物質生活：買喜歡的東西，點餐不看價錢，放假去住飯店。

我想告訴你的是，人生不是單選題，不是只有離職／不離職才能解決你的職涯問題，而是先打擦邊球，在保留退路的情況下，試試看離職後會是什麼樣子？不上班的話，可以做哪些事？自己能接受多久沒收入的生活？

永遠要讓決策保持彈性，不要一次就打死，否則那和賭博沒什麼差別。因為人生從來不是做對某個決定，從此一帆風順，而是透過一次次的假設、測試、驗證，慢慢往理想的自己前進。

還在思考要不要離職嗎？要不要試著提出離職以外的假設呢？

為失敗作準備

「如果決定轉換跑道，之後才發現自己不喜歡怎麼辦？」
「如果離職之後，找不到更好的工作怎麼辦？」
「英文面試很可怕，要是講的很爛，沒錄取怎麼辦？」

我們常常在做出改變之前，想像各種可怕的後果，然後因為害怕失敗，而不敢改變——整天嚷嚷要離職，卻又不敢真的離職。

如果不是做了好幾個不喜歡的工作，我不會成為今天的我：追求自由、喜歡寫作、自己掌握工作節奏。

所有的喜歡，都是從不喜歡過濾出來的，也因為先經歷失敗，才能定位成功在哪。

讓失敗可視化

探討成功學的書中，常常提到「成功可視化」的重要性。金凱瑞在成名前，開了一張一千萬美元的支票，假裝是演戲的酬勞，並把支票放在皮夾裡，後來接演了電影《阿呆與阿瓜》，結清了那張支票，成為全球知名的喜劇影帝。

我認為「失敗可視化」也一樣重要。網球選手比莉・珍・金（Billie Jean King）就說，他在比賽前會思考所有可能的失誤，以及該怎麼應對，如果情況超出他的控制範圍該怎麼辦。

「害怕失敗」常常是不敢行動的主要原因，我也常常告訴讀者不要害怕失敗，但就像墨菲定律所說，即使失敗機率很低，只有〇．〇一%，不代表失敗不會發生。

你能為失敗做的三個準備

1. 失敗了會怎樣？

就拿開頭的問題來舉例，「如果決定轉換跑道，做了之後才發現自己不喜歡怎麼辦？」會問這個問題的人，腦中的答案可能是這樣：

✓ 會被親友嘲笑
✓ 同事會看不起我
✓ 露宿街頭，無家可歸

然而，真的是這樣嗎？

現在請想像一隻大鯊魚和一場車禍，你比較害怕哪個？

通常我們會回答鯊魚，不過你知道嗎？我們被鯊魚攻擊的機率是 1/3750000，死於車禍的機率是 1/103。

恐懼是健康的情緒，代表你尊重這個挑戰，但是不理智的恐懼就不健康了。回到轉換跑道的問題，如果轉職失敗了，真正可能的結果是：

✓新工作不開心
✓回到原跑道
✓你依然過得好好的，薪水照拿
✓親友同事依然忙於自己的人生，沒空笑你或看不起你

根本沒你想的那麼可怕！

面試沒上，再找就好，提案沒過，再提就好，沒考上理想學校，重考或轉學就好，人生並不會因為沒錄取、提案沒過就毀了。

我們一定要對失敗抱著正確的態度：失敗了會怎樣？沒你想的那麼可怕！

2. 我能接受這個失敗嗎？

不過，這也不代表我們要擁抱所有恐懼，三餐吃空氣也要咬牙忍下去。

有些失敗確實是我們不能接受的，這時候我們需要「走／停策略（**Go-no-go**）」來幫助我們想像更多失敗的可能性。

Go-no-go 是工業上一種簡單的量具，可以快速篩選符合條件的良品、淘汰不良品，例如只要重量不足一百克的零件，就從產線上淘汰。

當我們在考慮離職、轉換跑道的時候，可以快速預想幾個可能的失敗：

✓ 收入可能中斷

✓ 新工作是過勞的工作型態

✓ 待遇沒有現在好

這時候就要問自己心中那把 **Go-no-go**：這樣的失敗我可以接受嗎？

轉換跑道失敗，回去做原本的工作可能可以接受；或是薪水比現在差一點，但還過得去，那就Go，克服恐懼，勇敢行動；但是收入中斷就不行了，房租會繳不出來，會沒錢吃飯，**no-go**，停止行動，做好準備再開始下一次行動。

3. 學會處理失敗

日本有一種古老的陶器修繕技法，叫做「金繕修復」。如果陶器破損了，金繕不是把破損的地方遮起來，而是使用金粉、銀粉或其他精緻材料，把破損的碎片混合起來，敷在破損的地方。

陶器不僅功能依舊，更增添了一種獨特的日式「侘寂」美感。

萬一失敗真的發生了，不要隱藏，讓這些失敗成為人生進步的材料。

我被資遣之後，都會在面試中誠實提到我是被資遣的，因為我哪裡做錯、從中學到什麼，以及如何避免再次犯錯。

事實證明，資遣與否並不影響錄取，我依然拿到好幾個 offer，重要的是你從失敗中學到什麼？現在的你是否比之前的你更好？

想像兩年後的自己，會怎麼形容這次失敗？從久遠的角度來看待事物是很好的方式。

不過，如果你在某個領域反覆出現錯誤，就該拉響警報，注意這些細節了，因為不可逆的災難性失敗，通常會在事前發出大量的訊號。

成功一次，就能抵銷一百次失敗

Google 成立 X 實驗室，每年燒掉幾億美金，嘗試各種天馬行空的可能：風箏發電、氣球網路、無人駕駛；艾斯摩爾（ASML）耗費幾百億美金、無數次失敗打模，只為了試著實現物理上不知可不可行的兩奈米光雕機。

他們深知，只要成功一次，就能抵銷一百次失敗。**Google X** 的無人駕駛開發成功，以品牌 **Waymo** 成功推向商用市場；**ASML** 成功開發光雕機，成為半導體供應鏈重要的上游廠商。

成功是失敗疊出來的，對理想人生來說，又何嘗不是呢？

5

找到更好的自己

人生是一張地圖，如果沒有目的地，擁有再多指南針、再先進的設備，終究都是在迷路。只有決定好你的目的地，才能知道怎麼走去。

遇到人生難題？你要做的，不是急著解決問題！

「木木，我對現在的工作沒有熱情和興趣，很想換工作，但是人力銀行看來看去，好像什麼都沒興趣……」

「我會做現在這個工作，只是因為大學念相關科系，畢業後沒想太多，就從事這方面的職業，從沒想過自己喜不喜歡，反正同學都這樣啊！……但我現在才發現，自己根本不喜歡這個領域，怎麼辦？」

「現在的工作薪水太低，環境又很壓榨、學長姊制度很嚴重，主管也不教東西，很想換產業，但是又沒有其他專長，難道只能一直這樣下去嗎？」

這些都是我很常收到的問題，二十九歲的小鄭也有一樣的疑問。他對現在的工作不滿意，想找一份真正適合自己的工作，但又覺得不夠認識自己，加上快要三十歲，對穩定感的需求越來越強烈。小鄭不斷在兩個問題間拉扯，猶豫是不是要換一份工作。

學校教我們，遇到問題，去解決問題就好啦！彷彿人生困難只是一道數學題，循著公式、解法甚至口訣，一切煩惱就會迎刃而解。

大錯特錯！

人生有問題，就要解決嗎？

我們在一個「解決問題」的世界中長大的：肚子餓了、尿布濕了，哭就能解決問題；學校教我們用公式、口訣或背誦，有效率地解決問題；成績不好，父母送我們去補習，期待額外的教育時數可以解決分數太低的問題……；於是這種思考方式，就在每個人的大腦裡生了根：如果你很緊張，會有人叫你「放輕鬆點」；如果你害怕，就會有人叫你「鼓起勇氣」；如果你太守規矩，就會有人叫你「大膽冒險」。

但是，用解決問題面對沒有正確答案的人生難題，你只會在問題之中來回擺盪。舉個例子，當你覺得工作卡住了，直覺想到的解決方法是換工作。

問題來了：換工作如果有像換衣服那麼容易，職場雞湯的書就不會是書店排行榜常勝軍，網路上也不會有那麼多職涯諮詢服務，我也不用寫這篇文章了。

換工作之所以難，是因為人害怕被否定，也害怕未知。換工作就像一場社畜拍賣會，先審查履歷，經過一次、兩次、三次的面試（展售？），最後決定你的賣價，每一道關卡都是一次被否定的機會；就算順利錄取新工作，也不知道新公司的制度怎麼樣、同事友不友善、會遇到什麼困難。

一想到這些，就覺得心好累，於是大腦自動幫你找了解決方法：還是再看看吧！現在的工作還可以忍受啦！再過一陣子，你又被工作鳥事弄得很火大，再度打開人力銀行看職缺，最後……又只是把人力銀行的分頁關掉。

退一萬步想，就算鼓起勇氣，順利換了新工作，新工作做久了總有一天也會膩；再喜歡的手搖，當你天天喝，連喝好幾年，喝到只要一小口就知道是幾分糖的時候，還會覺得飲料好喝嗎？

怎麼解決飲料喝膩的問題？當然是換一杯飲料！

用解決問題的思維思考人生，問題不會有被解決的一天，因為你永遠在問題之間來回擺盪──

擺盪的範圍就是你「不舒適的舒適圈」，為了解決不舒適，你煩惱、焦慮、上網搜尋，或是沉迷遊戲、課金、買奢侈品，用錢砸出的短暫快樂，來麻痺舒適圈的不舒適。（然後又為了解決需要更多錢來享受物質的問題，又陷入新的問題迴圈……）

今天的問題來自昨天的解方。當人生卡住時，何不跳出解決問題的思維框架，搭建另一條學校不教我們的路：用「創造法」創造出想要的人生？

如何創造你想要的人生？

想創造你要的人生，就要聚焦在你想創造出什麼，而不是怎麼創造。創造法的四個步驟：

步驟一、我在哪裡？

首先，客觀描述現在卡住的問題，不要放入情緒、理由、解釋和任何修飾，可以用「然後呢？」反問法，確保自己找到問題的核心。

以小鄭的例子，他覺得問題是工作不適合自己，但是找到適合的工作，一切問題就解決了嗎？有適合的工作，「然後呢？」下班時間呢？假日呢？其他方面呢？健康？家人？戀愛？財務呢？

這樣一層層剝洋蔥的問下去，會發現小鄭的現況其實是不知道自己想要什麼樣的生活，才會覺得工作不適合自己，做的不開心。

步驟二、我想去哪裡？

第二個步驟，是「畫」出你想去的目的地，也就是你想創造什麼樣的人生。目的地是一個你真心想要，渴望到幾乎愛上它的地方，因為唯有愛，才有動力去創造。

此外，目的地是一個具體、能被畫出來的畫面，因為畫面的資訊含量最多。舉個例：也許你想要一間房子，是什麼樣的房子？都市裡的現代感公寓？還是稻田鄉村小屋？畫出來，除了具體呈現是什麼樣的房子，還能說出你想在哪裡生活。

一開始，你對目的地的想像一定是一片空白，請先隨意寫下零碎的想法，然後慢慢把零碎想法拼湊成一幅畫，別管合不合理、有沒有邏輯和可能性。

發想目的地時，請遵循三個原則：

1. 分辨想要和需要

很多人分不清楚想要和需要的差別。缺少需要的東西，就會活不下去，像是水、食物、維持溫飽的薪水；缺少想要的東西，沒有也不會怎樣，例如更好的手機和電腦、成就感、優越感……

小鄭覺得工作不開心，「需要」一份適合自己的工作來解決問題，事實上只是「想要」，沒有適合的工作也死不了；但是他真的想要適合自己的工作嗎？更深入地想，小鄭真的想要當一個上班族嗎？想要到愛的程度嗎？

我們需要的其實不多，能吃飽、有水喝就足夠了，但是很多人把想要當成需要，認為沒有想要東西就活不下去，然後覺得自己別無選擇，於是永遠無法確認自己真心想要什麼、創造什麼。

2. 不要考慮可行性或合理性

如果只把能力所及的、合理的事當成選擇，等於是縮限選擇，然後以為自己沒有選擇。

比方說，小鄭覺得「我只能找薪水更高的工作」，因為常理都是工作要越換越好、薪水要越來越高啊！也許適合小鄭的工作，薪水就是比較低，能因為這樣，就認為「找不到適合我的工作」嗎？

3. 我願意接受這個目的地嗎？

當概念逐漸具體，不斷問自己：「我願意接受這個目的地嗎？」只要有一秒鐘遲疑，就不是你真心想去的地方。

請重複發想，直到你畫出一個願意大喊：「我願意！」的畫面時，那就是你的目的地了。

步驟三、我選擇要去（目的地）

人類在意識到自己「有選擇」的時候，會產生更多動力。當你畫出了你的目的地，請在心裡大聲對自己宣告：

「我選擇要去（目的地）！」

這個動作看似微不足道，在心裡會帶給你強大的動能。當你決定「選擇」某個選項，暗示了你是自由的，這個決定完全出自於你的意願，而且願意承擔決定的後果，也願意為了這個選擇努力。

法國行為科學家尼可拉斯．蓋岡及亞歷山卓．帕斯夸爾於二〇〇〇年做了一項實驗，雇用兩組工讀生在賣場邀請路人填寫問卷。其中，A 組只是請路人填問卷，B 組則多加一句話：「趕時間也沒關係，可以不寫」，暗示路人擁有選擇的自由。

結果，B 組一句話的力量，就讓問卷填寫率達到九成，比起 A 組多了快兩成！

當人意識到自己是自由、擁有選擇時，就會更有行動力、更有自信，所以不要跳過這個有點蠢的步驟，短短幾個字，就能在大腦創造十萬伏特的動力。

步驟四、讓目的地帶領你做決定

「如何做」是創造過程中，最不重要的步驟，因為一旦你有了目的地，就會知道做哪些事，能幫你前往目的地。

所以，小鄭，你的目的地是哪裡呢？你的人生想去哪裡？換一個適合的工作，能幫你前往目的地嗎？

不是解決，而是創造

創造法不只可以用來思考人生難題，更可以用來面對生活中的大小「卡住」：報告、論文卡住了，怎麼辦？認清自己卡在哪、重新聚焦想要的成果：一份完成的報告、宣告我選擇把報告完成，然後讓成果帶領決定，可能是尋找更多資料，或是暫時休息一下。

無論是大如人生、婚姻的難題，或是日常工作、學業的卡住，你要做的不是解決卡住的問題，因為疏通了，未來還是會再度阻塞。卡住的時候，重新聚焦成果和目的地，用創造取代解決問題、繞過卡住的地方，才能達到你想要的結果。

人生是一張地圖，如果沒有目的地，擁有再多指南針、再先進的設備，終究都是在迷路。只有決定好你的目的地，才能知道怎麼走去。

碰到人生難題，貝佐斯是這樣想的

二〇二一年，全球知名電商 Amazon 創辦人貝佐斯風風光光的從亞馬遜退休，搭火箭上火星去了。儘管他已經退休，貝佐斯的財產依然經常在全球十大首富排行榜上上下下。

不過，你知道身價超過兩千億美金的貝佐斯，三十歲之前只是個上班族嗎？你知道他曾經也有過和你我一樣，站在人生的十字路口，不知道怎麼做選擇的煩惱嗎？

但是，他只用了一個問句，就解決了事關重大的人生煩惱。

遺憾最小化架構

貝佐斯在大學畢業之後，一直在薪資優渥的華爾街打轉。一九九〇年代，網路技術在美國逐漸普及，貝佐斯對網路感到高度興趣，也看見了網路的商業潛能，他發現，如果在網路上開一間「什麼都賣」的網路商店，成長潛能可能高達兩千三百倍。

但是貝佐斯非常猶豫，一邊是自己喜歡、有興趣也很想做，但完全未知的領域；一邊是華爾街穩定又優渥的薪資分紅，就連他提出離職創業的想法時，老闆都極力慰留他，說開網路商店的想法，是連工作都做不好的人在做的。

在這個人生分岔的關口，貝佐斯從一本回憶錄小說中，得到了人生決策的啟發，他取名為「遺憾最小化架構」(Regret Minimization Framwork)。他發現，所有的人生難題，放到這個架構裡，一切都變得再簡單不過了。

這個框架也非常簡單，只有一個問題：X 年後，我會後悔當初沒做這件事嗎？會的話，就做；不會的話，就讓他化為雲煙，再也不需為這件事煩惱。

那時候的貝佐斯想，如果為了創業，放棄即將到手的紅利獎金和豐厚薪資，八十歲的自己並不會感到遺憾，因為這些東西，八十歲時一點都不重要了；但如果明知道網路革命即將到來，自己卻錯過的這波浪潮，八十歲的自己肯定會後悔不已。

然後，貝佐斯就果斷離職，真的打造出一間什麼都賣的商店——一開始從書店出發，到現在除了有包羅萬象的商品，業務還觸及了電子書閱讀器 Kindle、聲控裝置 Alaxa、雲端主機 AWS……，成為真正的網路巨頭之一。

如果貝佐斯為了公司分紅和高額薪水，選擇繼續留在華爾街，他可能就變成一個普通的經理人，禿頭，微胖，即使領著高薪，依然被房貸壓得喘不過氣來。

貝佐斯在一次訪談中提到，透過「遺憾最小化架構」做出的人生決定，短期內可能會不好受（亞馬遜在二〇〇〇年網路泡沫時期，可以說是吃盡了苦頭），但長期而言，會為人生帶來好的結果。

重新認識自己——生命歷程圖分析法

你是否思考過，生命中的重要事件，給你什麼啟示？

哈利波特的死對頭：佛地魔為了長生不死，把靈魂分割成七份，藏在對他有重大意義的地方：佛地魔幼時第一次發現自己有魔法的洞窟；給予佛地魔魔法能力的女巫母親的家，儘管他從未見過她；對佛地魔來說真正的家——霍格華茲。

哈利波特和鄧不利多從佛地魔的生命事件中，找出靈魂藏匿處的線索，一一找到並破壞佛地魔的靈魂碎片，讓佛地魔無法長生不死，並且在最後讓佛地魔被自己的魔咒反彈擊斃。

生命中的重要事件，都是每個人的生命線索。或許你不知道現在的你喜歡什麼，但把生命中的重要事件攤開來一一寫下，加以分析、歸納，就能找出老天爺給你的DNA——喜歡的事、害怕的事，以及無意識中驅動你前進的動力。

什麼是生命歷程圖？

生命歷程圖，或稱生命曲線圖，幫你列下人生的重大事件，並且把這些事件做正負向比較，找出驅動自己、產生成就感的因子，經常用在人生與職涯探索中。

第一次看到這個工具，是在《一個人的獲利模式》，書中提到的名稱是「生命歷程探索」(Lifeline Discovery)。我也曾在演講上聽過講者稱它為「生命歷程圖」，但是Google「生命曲線圖」才能找到最多、最正確的結果。

這個工具非常好用，卻沒有統一名稱，我覺得「歷程」更能代表每個人曾經經歷的事件，更貼近這個工具的精神，所以這篇文章就以「生命歷程圖」稱之。

我使用生命歷程圖分析自己之後，發現自己是一個嚮往自由的人，也發現「努力爭取想要的東西」帶給我很大的成就，也找出最害怕的事情是「被別人否定」。

這些發現對我來說非常重大，不僅在全職經營網站這個決定推了很大一把，也讓我開始學習如何面對被否定。

如果你正在人生迷惘中，不知道自己想做什麼工作、不知道自己喜歡什麼，不妨試試生命歷程圖，從自己的生命經歷中，尋找你沒意識到、但一直默默推動你前進的東西。

三個步驟，從生命歷程找出你的人生祕密

你可以下載我製作的空白生命歷程圖，方便跟著文章一起練習。

1. 製作生命歷程線

生命歷程圖非常簡單，從你有記憶以來，你人生中重大事件（無論好壞），用一個點標記，並且簡述這件事。這些事件可能包含了：工作、社交、愛情、嗜好、學業、心靈成長中的重大事件……到現在依然讓你印象深刻的里程碑或紀念性事件，以及正向或負向的重大生涯轉折。

依照事件發生的順序，從左到右標記；讓你高興、開心、得意的事情，標在上半部；沮喪、失意的事情，標在下半部，然後把每個點連起來，大約標記十至二十個點，端看你的年紀。

這是我的生命歷程線：

我的生命歷程圖

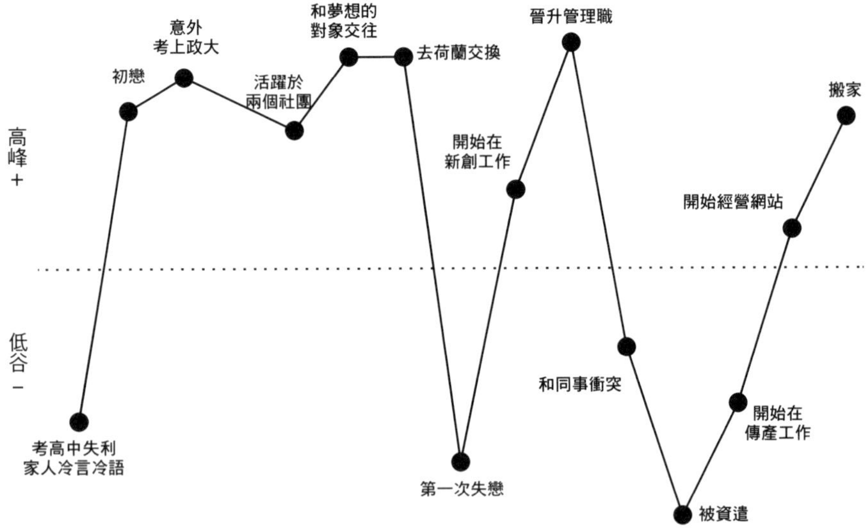

高峰＋
低谷－
考高中失利
家人冷言冷語
初戀
意外
考上政大
活躍於
兩個社團
和夢想的
對象交往
去荷蘭交換
第一次失戀
開始在
新創工作
晉升管理職
和同事衝突
被資遣
開始在
傳產工作
開始經營網站
搬家

2. 描述每個人生事件

這些重大事件，是什麼關鍵因素，讓你對這件事情感到很滿意或失望？請簡述當時的情境，並且使用兩個以上的動詞，來描述事件。

例如：「進入 A 公司工作」太過簡單，應該描述為：「一開始覺得機會渺茫的外商 A 公司，經過兩週準備、通過三次面試，從一百個候選人中脫穎而出，拿到夢想工作機會。」

我的幾個重大事件：

◆ **活躍於兩個社團：**因為喜歡獨立音樂，活躍於兩個社團，透過採訪、接洽，接觸許多音樂人。

◆ **到荷蘭交換：**在父母不支持的情況下，偷偷考托福，申請到荷蘭的交換生機會，實現到歐洲冒險的夢想。

◆ **晉升管理職：**沒有特別想晉升，成立新部門後意外被拔擢為主管，認真和努力受到肯定，非常開心。

◆ **被資遣：**無法解決部門管理問題，加上業務疏失，被公司資遣，好像能力和努力都被否定了

我的生命歷程描述

製作日期：＿＿＿＿＿＿＿＿

1.基測沒考好，沒考上前三志願，被媽媽言語嘲諷、批評	5.透過社團認識夢想的理想對象，進而交往，才華、氣質都非常吸引我，夢想成真的感覺	9.沒有特別想晉升，成立新部門後意外被拔擢為主管，認真和努力受到肯定，非常開心	13.決定離職、開始經營部落格和網站，期許為自己創造工作
2.認識社團的同學，興趣、個性都很合、又很幽默，相處在一起總是很開心，第一次談戀愛	6.很想去歐洲，背著父母偷偷考托福、申請交換，成功去荷蘭交換一個學期	10.管不動不服晉升決策的部屬，頭很痛，衝突逐漸浮上檯面，影響公司氣氛	14.決定離開職場，因此跟著先生搬到台中，第一次離開生活30年的台北，展開新生活
3.雖然模擬考都不出色，但是制定詳細讀書計畫、認真唸書，指考意外考超好，上政大	7.交換期間，因為遠距離被理想對象提分手，曾經的情話好像都是假的，徹底被否定的感覺	11.無法解決部門管理問題，加上業務疏失，被公司資遣，好像能力和努力都被否定了	15.
4.喜歡獨立音樂而加入兩個音樂社團，透過採訪、接洽接觸許多音樂人，離夢想更近的感覺	8.到新創公司擔任社群行銷，發揮空間很大，制度自由且彈性，讓我更想努力做出成績	12.經歷漫長的低潮期，到老牌網路公司工作，繁文縟節、疊床架屋的風格讓我很不適應	16.

3. 找出動力來源線索

仔細檢視步驟二寫下來的描述，從高點事件中，圈出重複被提到的類似關鍵字或情境，試著找出事件的共通點。我發現自己的高點都發生在「很想要一個東西，然後我透過努力而得到它」，例如：

◆ 因為喜歡獨立音樂，因此參加兩個音樂性社團，接觸許多音樂人與樂團。
◆ 想去歐洲旅遊，背著父母偷偷考托福、申請交換生，最後去荷蘭待了半年。
◆ 想在工作上有所成就，非常努力工作，獲得晉升管理職的機會。

另外，我也發現高點都發生在「自由」的時刻：

◆ 雖然同時要忙兩個社團和課業，但時間非常自由彈性。
◆ 出國交換、遠離父母的自由。
◆ 新創公司的高度自由環境。

綜合這兩個發現，我得出一個結論：「在自由的環境中，為了想要的東西而努力」是我的動力來源，也因為得到這個結論，我確認自己的經濟狀況後，決定離開職場，全職經營網站。

我的生命線索 製作日期：____________	
重複提到的關鍵字和情境 *夢想、想要 *採取行動（讀書計畫、加入社團、考托福、申請交換） *得到想要的東西 *高點都出現在自由的時候	**我的動力來源是：** 在自由的環境 努力追求想要的東西 **我害怕的是：** 被否定

除了找出動力，你還可以這樣解讀

除了找到動力，生命歷程圖還可以延伸出其他解讀方法，例如：

◆你的低點之間，有什麼共通點？為什麼？我發現我的低點，都出現「被否定」的字眼，可見我非常在乎他人眼光，也害怕被否定。

◆是否出現一連串的水平線？為什麼？例如我的高點都發生在大學時期，可見我很喜歡自由的環境。

◆未來如何複製更多高點？如何避免低點再次發生？這是你將來要努力的方向。

生命歷程圖是許多自我分析方法中，帶給我最多啟發的工具之一，除了找到我的生命動力、喜歡的事，也了解自己害怕什麼，並且學著面對。希望生命歷程圖能幫你更了解自己，撥開人生迷惘的迷霧。

如何找到想要的人生方向？

如果沒有急迫的金錢需求，不需煩惱下一餐在哪裡，為什麼我們要被逼著做一份不喜歡的工作，過著不喜歡的生活，卻不知道自己喜歡什麼？

為什麼不知道自己想要什麼？

這個問題的答案，我認為是整個社會結構、歷史和文化的原因。

我們現在的人生，被假設是線性的，每個年紀都有該做的事：學生就要唸書、考試、考好學校，出社會找一份穩定的工作，然後存點錢，結婚生子，把孩子養大，一路工作到退休。

但是，這種人生模式，已經是上一輩的生活方式了，對物資缺乏的上一代來說，錢和食物就等於人身安全，他們沒有太多選擇，相對少掉很多選擇的煩惱。

到了二十一世紀，科技發展讓物資過度豐富，當我們不需要再為下一餐煩惱，就多出很多選擇，而我們對人生的規劃，卻還在用上一輩的思維做選擇：做任何事，只為找一份更好的工作，有一份更穩定的薪水，卻忽略心靈真正的需求：平靜、生活與工作的平衡，甚至是工作的意義感、使命感、貢獻感。

被社會推著走的人生猶如 **RPG**（角色扮演遊戲，**Role-Playing Game**），讓我們很難有思考人生的空隙，更別說從小到大的教育，把「工作到退休」的線性思維深深埋進我們腦中。

在學的時候，父母、學校不鼓勵我們花時間去找出內心熱愛的事物和生活，出社會之後，探索自己的成本更高了：你可能得為了做喜歡的事情，放棄眼前穩定的薪水收入，即使你不那麼缺錢。

於是，你變成一個忙碌而不快樂的人，堅持著別人幫你設定的目標，卻不知道在堅持什麼，只知道：犧牲不快樂的現在，可能可以成就未來吧？

二〇一八年，我被迫離開職場，職涯被按下暫停鍵，才得到思考人生的機會，經過這幾年的探索，我已經非常清楚自己想要什麼了。

找到自己想要什麼的方法，並不需要痛下決心做什麼大改變，只要做到這兩件事：開拓視野，認識自己。

開拓視野：打破對人生的想像

想找到自己想要什麼，你一定一定要開拓自己的視野。為什麼？

你現在過得開心嗎？如果你過的好好的，你不會讀這篇文章。就是因為你現在的生活不是想要的，你更需要知道別人的人生長什麼樣子。

一輩子住在深山裡的人，不會知道衝浪的樂趣。去看看別人怎麼生活，拓展你的認知界線，看看有沒有你想要的生活方式？

而我開拓視野的方法，是閱讀和聽 Podcast。

我非常喜歡看書，年輕時，長輩和老人都叫我們多讀書，那時我總覺得「吼，又是老人勸說」！

但當我上了年紀（成為老人？），才發現閱讀的好處。一本書就是一個人的人生精華，你只要幾個小時，就能把別人的經驗值加到自己身上，不是超划算的嗎？

當你帶有問題意識的去閱讀，書本能提供你最有系統、CP 值最高的答案。以我為例，我被迫離開職場後，因為想知道工作既然為了錢，那「錢」到底是什麼？所以我從理財的書開始看起，才學到：上班並不是唯一能帶來收入的方法。

於是我更好奇，有什麼不上班也能賺錢的工作？我開始閱讀新型態工作的書：講多重職業的《斜槓青年》、談網路創業的《一人公司》、討論專職投資者《通往財富自由之路》，以及其他自媒體創業的書籍。

隨著讀的書越來越多，我發現高度自由的網路創業很吸引我，就更主動尋找網路創業、一人公司的資訊，越來越渴望這樣的生活。

除了閱讀，Podcast 是另一種輕鬆開拓視野的方法，可以在通勤、做家事和一個人吃飯時收聽。其中，我覺得對開拓視野最有幫助的，是各式節目的來賓訪談。這些來賓之所以能上節目，是因為他們的生命中有很特別的亮點，而這些亮點通常不存在我們的生活圈。我曾經聽過從銀行退休後，頂下虧錢漫畫店的老闆（這年頭誰還在開漫畫店啊？

他為什麼這麼做？）、支持在地劇團的公務員、對古生物骨頭充滿熱情的古生物研究員。

不斷擴大你對人生的認知範圍，就能認識更多樣的生活和工作方式，總有一種能打動你的心，甚至成為你的人生願景和使命。

認識自己：找出「你」的使用說明書

有了你嚮往的人生，要怎麼做才能實現？好好善用老天爺賜給你的工具：你自己吧！所以，好好認識自己，才能有效率的使用自己。

知名作詞人林夕說：「認識自己是最難的！」

想徹底認識自己，最快的方式，是直接被重大事件衝擊、發生重大轉折點，可能是像我一樣突然被資遣，或是失去親人、健康出問題等等。

但我們不可能像個木頭，默默等待重大事件發生，況且沒有人想要遭受重大打擊呀！因此，平常在生活中，就要有意識、有方法的認識自己。

我把三種我在探索時期使用的方法，統整成三種工具，分享給你：

心理測驗：讓別人告訴你「你是誰」

我們對自己的認識，大多來自自己的主觀想法。不過，只要是主觀想法，就一定會有認知偏誤。

舉個例子，當工作得到升遷，你會認為是自己的努力，但當你業績不理想時，就會傾向責怪外部原因：疫情、景氣不好、團隊成員失誤。因此適度參考第三方心理測驗，可以幫助自己跳出主觀意識。

但要注意，很多心理測驗沒有學術支持，不見得能真實反應你的性格，因此建議你多做幾種測驗，並且從不同分析中，找出共同關鍵字，並配合你的生命經驗來參考。

過去我一直以為自己很活潑外向，做完三個心理測驗後，三個測驗都說我是「內向」「紀律」「嚴謹」的人，我才發現自己是個「外向型的內向人」。

在生活工作中觀察自己

很多讀者寄信來詢問人生問題時，都提到：不知道自己喜歡什麼。但我發現，他們定義的「喜歡」，很容易固定在一項既定職稱中，例如我想當「工程師」，我喜歡「打電動」。

仔細想想，你為什麼想當工程師？每個人的工作中，包含了各種「硬」技術和「軟」技術。以工程師來說，寫程式碼是一種硬技術，把程式碼解釋給不懂的人聽是一種軟技術。你喜歡的，可能是把程式邏輯解釋給別人聽的感覺，而不是寫程式碼本身；如果你喜歡打電動，你為什麼喜歡打電動？是喜歡破關的成就感？還是和網友一起組隊，和別人合作，或是指揮團隊的感覺？還是喜歡發揮創意，建造你想要的建築和工具？

一項既定的工作和興趣，有很多細小的工作和步驟，你不可能全部都討厭，也不可能全部都喜歡。把工作和日常活動拆分成各個小步驟，觀察自己到底是喜歡、討厭哪些步驟？你的興趣，就藏在這些線索中。

我運用這個方法，發現自己喜歡行銷工作中的文案寫作、整理數據，並且結合日常喜歡整理東西的感覺，總結出「我喜歡把事情弄得有條有理」，所以才開始寫作、經營部落格，因為寫作可以幫我把腦中的想法整理好，而我很享受這種感覺。

從生命歷程找出線索

把人生過往的重大事件一一列下來，分析這些事為什麼讓你印象深刻？它是好到讓你印象深刻，還是爛到讓你無法忘記？從這些好事和壞事中，找出共同的關鍵字和特點。

生命歷程圖會告訴你，是什麼東西激勵了你？你如何利用曾經激勵你的東西，再度創造人生高峰？什麼事情讓你感到恐懼？而你未來該如何避開恐懼，或是克服恐懼？

例如，在我的生命歷程中，我發現自己的高峰，都發生在自由的時候：自由的大學生活、遠走高飛到爸媽管不到的歐洲、在不用打卡的自由新創工作；我也發現自己的低潮，都和被人否定有關：小時候被媽媽否定、失戀、失業，這些發現都對我現在的生活有決定性的影響。

開拓視野幫你找到你想成為的人、嚮往的生活和工作，認識自己則是幫你盤點你有哪些工具，能幫你實現嚮往的樣子。

我想要自由的生活，但是我有點內向，所以經營自媒體、網路創業很適合我；而我從日常觀察中，發現自己喜歡整理、寫作，因此我決定利用寫作經營自媒體，去達成我想要的自由生活。

知道自己要什麼，需要時間

方法告訴你了，我還有責任告訴你：養成吸收新知、時刻觀察自己的習慣，並不會幫你馬上找到人生方向的答案。

我們花了二三十年，讓自己人生迷惘，要找到方向，自然不是一頓飯的時間。唯一能加快速度的，是你把這些小行動確實融入生活，一段時間後，你會慢慢看到他們發酵，逐漸描繪出你想要的東西。

《牧羊少年奇幻之旅》裡面有一句話我很喜歡：

「當你真心渴望一件事，全宇宙都會聯合起來幫你。」

在你找到想要的東西之前，你要先真心渴望「找到自己想要什麼」。你會發現，全宇宙會聯合起來幫你，幫你找到方向。

加油！

用「地圖思維」規劃你的人生

為什麼要做人生規劃？二十八歲前，我的生涯規劃就是跟著大家走：讀書考試，念大學，找工作，結婚。我以工作為中心，設計我的生活，結果是什麼？我不知道自己到底為誰而忙，找不到人生意義。

當我開始人生規劃，弄清楚什麼對我最重要，才開始有意識的把有限的時間和金錢，分配在最重要的自由和家庭上。我把我規劃人生的地圖思維法，設計成一份人生規劃表，你可以掃描下方 QR code 下載空白規劃表。

什麼是「地圖思維法」？

你一定用過 Google Map 規劃過路線吧？先輸入目的地，再定為出發點，最後決定路線，按下出發……這個流程你一定再熟悉不過了。

規劃人生其實也是一樣的！先決定目的地，接著定位自己在哪，最後找出行得通的路線，很簡單，不是嗎？

只是，人生沒有 GPS 定位，不知道自己在哪，也沒有聰明的 Google 幫我們規劃路線。但是沒關係，我將會和你一起，一步一步用「地圖思維」完成你的人生規劃。總共有三個步驟：

1. 決定目的地：我要去哪裡？
2. 定位你自己：我在哪裡？
3. 畫出路線：我要怎麼前往？

用一張圖來說明，會像這樣：

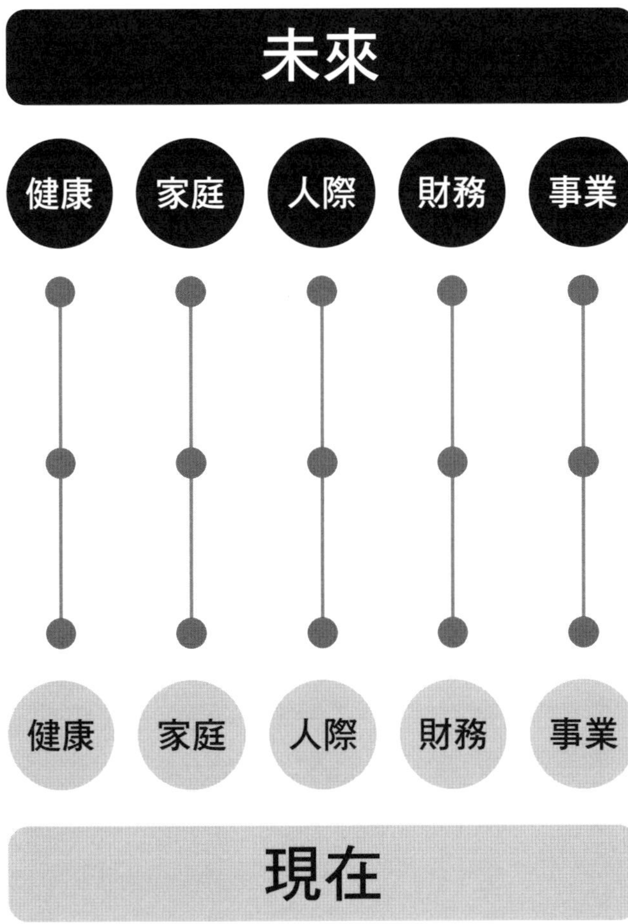
未來
健康
家庭
人際
財務
事業
健康
家庭
人際
財務
事業
現在

步驟一：我要去哪裡？

首先，我們要先在第一大格，寫下你人生規劃的目的地。

你可能會寫下「成為高階主管」「年薪達到兩百萬」這類的目標，但是我要用我的慘痛經歷告訴你：千萬別把工作當成你的人生目標！

◆拿掉名片，你還剩下什麼？

人生的意義是什麼？從我們被生下來，就被世界放在一個為工作而生的跑道：誰的成績比較好？成績好，才能進好學校；有好的學校，才能得到好工作的入場券；畢業之後，我們又「被」加入新的比賽項目：誰的薪水高？誰的公司好？誰的官更大？幾年後，又加入新的比賽：誰先結婚？對方是做什麼的？再過幾年，還得比誰的薪水可以買車買房、養兒育女？

二十八歲之前的我，也是如此賣命地往前衝刺：為工作燃燒生命，加班沒在怕，還拚命用下班時間精進專業、建立人脈。

「皇天不負苦心人」這句話是真的，我只花了一年半，就從專員風風光光升到經理，管理十幾人的團隊。

不過，「爬得越高，摔得越重」這句話也是真的。管理團隊一年後，公司以我管理不善、造成業務過失為由，資遣了我。

就這樣，我突然沒了工作，失去人生重心，整個人像被抽了真空，什麼都沒有了。

這段期間，我每晚哭泣、自我否定、信心盡失；雖然拿到豐厚資遣費，但我一點都不想要這筆意外收入，所以我光速添購家電、手機還去韓國旅居一個月，把資遣費花個精光，再靠失業救濟金過活。

委靡不振了半年，在一次聚會中，朋友隨意提到投資理財的話題，雖然只是基礎知識，對我而言，卻像撕開了一角新世界的包裝紙：原來不是只有上班工作才能賺錢，工作只是養活自己的一種手段而已！

工作不是、也不應該是人生目標，而是達成目標的方法之一。

◆「理想生活」才值得努力

那麼，該如何決定自己的目的地，知道自己想要什麼？你要思考的是你的「理想生活」。

理想生活，不是一個狀態或條件，而是一段時間的動態畫面。

我的理想生活

5W1H法則：我和誰？在哪裡？做什麼？怎麼做？什麼時候做？

早上:享受管家準備的早餐,到沙灘喝飲料、看書

下午:和閨蜜們討論下禮拜即將啟程的歐洲自由行

晚上:在家中寬敞的廚房親自下廚,使用有機食材;飯後和男友在海邊散步、看星星,睡前冥想

1.我的健康狀況是…… 身材精實、有肌肉線條	1.我的健康狀況是…… 擁有億萬財產,家財萬貫
2.我的家庭狀況是…… 和爸爸媽媽住得不遠、但也保持距離;有論及婚嫁的男友	5.我的事業／工作是…… 不需要工作就有錢
3.我的人際關係是…… 朋友在精不在多,高中好友即使四散各處,依然常常碰面	我的＿＿＿＿＿＿＿＿是……

想像一下，你的人生，現在、當下、right now 被重置了，你重生在一個不需要擔心錢的地方，你會和誰、在哪裡，怎麼渡過一天？這才是值得你努力的人生目標！

理想生活描述得越詳盡越好，可以運用 5W1H 法則，讓描述更具體。（5W1H 為：Who？Why？When？Where？What？How？）

有了理想生活的樣貌，接著想像：這時候的你，生活各方面的必要元素是怎麼運作配合的？無須考慮現在，只要想像理想狀態就好，請依重要順序思考：

1. 健康
2. 家庭
3. 人際
4. 財務
5. 事業／工作
6. 其他，可以自行填寫，例如知識、宗教……

如果寫不出理想生活，可能是因為你太理性了！

理性很好，但是理性在這裡，反而成為想像的阻礙。放下大腦的審查機制，腦中出現什麼畫面就寫下來，才能挖掘內心真正渴望的東西。

如果你始終無法跨出「不知道別人怎麼看自己」的枷鎖，請學會「課題切割」吧！只有你要為自己的人生負責，別人（包含父母）不用對你的人生負責，更無須承擔選擇的後果，沒有人有資格決定你該活成什麼樣子。

步驟二：我在哪裡？

現在，把鏡頭交還給棚內的你，目前健康、家庭、人際、財務和事業／工作這幾個元素，分別是什麼情形？和理想的差距有多遠？把理想／現在的狀況並排寫在一起，很容易就能看到差距。

有了目的地、知道自己在哪，就要進入人生規劃的重頭戲了：設計路線。

	現在	理想
健康	體重、體脂肪過高，沒時間運動，也沒辦法克制自己節食	身材精實、有肌肉線條
家庭	爸媽每天嘮叨什麼時候交男友；工作環境封閉，遇不到合適對象	和爸爸媽媽住的不遠，但也保持距離；有論及婚嫁的男友
人際	和好友定時相聚；工作上需要經常與陌生人交際，心很累	朋友在精不在多，高中好友即使四散各處，依然常常碰面
財務	存款只有一萬元出頭，學貸快還完	擁有億萬財產，家財萬貫
事業	工作壓力大，鳥事超多薪水又很低	不需要工作就有錢

步驟三：規劃人生路線

現在，我們要把現實和理想，拆分成三個短中長期的可執行目標，在地圖上畫出路線。

制定執行目標，一定要遵守這三個最重要的原則：

1. 你做得到的
2. 你有熱情的
3. 你願意做的

第三個步驟非常燒腦，你會在畫地圖的過程中，發現不少矛盾：

假設你理想中的健康是身材精實、有線條，但你超級討厭去健身房、覺得共用器材很不衛生，目標就不能制定「養成上健身房習慣」，因為你根本沒辦法堅持！如果去健身房對你來說是死路，就要繞道而行，改做瑜伽、徒手訓練、拳擊……

你可能也會碰到理想和執行目標太矛盾，這代表你的理想不切實際。例如：你的理想是坐擁千萬財產，但你卻不想建立事業或工作、不想組成家庭或組織人脈，也想不出你願意、可執行的目標。如果是這樣，就必須回到第一個步驟，修正你的理想生活。

在規劃執行目標時，一旦發現執行有困難、你沒興趣，就修正第一、第二步驟的理想；如果你堅持理想一定要被實現，那要有心理準備，這條路走起來並不輕鬆。

至於短中長期分別是多長？每個人對中長期的想法不同，時間長度可以按自己需求規劃，不過短期最好是半年或一年。

透過發想執行目標、反覆修正理想，你將會深度挖掘自己。或許理想生活還有點模糊，但沒關係，第一次想像總是這樣的。

◆人生路線規劃範例

最後，你的人生路線規劃可能會長這樣：

	短期6個月	中期1年	長期3年
健康	上完3種不同運動的課程	1.養成固定運動的習慣 2.開始自己煮飯	1.瘦10公斤 2.練出腹肌
家庭	用用看Tinder 每個月認識一個新朋友	1.搬出去住 2.脫離單身	有穩定交往對象
人際	每個月聚餐一次	每個閨蜜的生日都寫一張感謝卡	一起去歐洲旅行
財務	找一個賺外快的方法，實際做	學貸一定要還完!!	存到30萬
事業	1.向主管表達業務太多 2.學習一項新技能	明年6月沒有加薪的話，換工作	擔任主管職

做好人生規劃，然後呢？

做啊！不然勒？

我很喜歡 Facebook 前執行長雪柔・桑德伯格（Sheryl Sandberg）在她的書《挺身而進》的一句話：

「完成，比完美更重要。」

與其擔心目標訂得好不好、會不會做不到，趕快做下去就知道了！擔心一百天、進度是零；做得不好、但進度一百，你要的結果是哪個？

沒有人第一次煮飯，就知道煮一頓飯要多久，只有做了、有經驗了，你才能了解每個細節，下次才能更準確估算時間。

把你的人生規劃表貼在經常看到的地方，然後去實踐、去學習吧！別忘了定期檢視人生規劃，是否偏離軌道？執行進度如何？你可以把目標拆更細，落實在每月、每週、每一天，為自己設定里程碑、給自己回饋。

另外，人生規劃不是一次做完，就能高枕無憂了，隨著閱歷和知識增加，你會長出不同視野，渴望的東西也會改變。定期滾動調整人生規劃，就能讓有限的人生資源——時間和金錢，對齊你的理想生活。

現在就開始改變吧！

如何熱愛自己的工作？

「熱愛自己的工作，到底長什麼樣子？是不是要先知道自己的興趣，才能找到熱愛的工作？世上真的有人喜歡自己的工作嗎？」

我相信這是很多人面對工作迷惘、職場無奈時，心裡常常冒出的聲音，我也知道迷惘的人，都很渴望找到一份熱愛的工作，彷彿找到對的工作，人生再也沒有煩惱，從此過著幸福快樂的日子，卻又不知道自己的興趣是什麼，無從找起。該怎麼辦？

我想給你講講領隊鼻子的故事，他能給這幾個問題最好的解答。

他不愛旅行，但他熱愛旅遊業

三十歲的鼻子，是旅遊 Podcast「你家隔壁的旅行社」主持人。疫情爆發前，他在旅行社擔任領隊，專帶歐洲捷奧旅行團，同時兼任內勤工作。聽到這樣的描述，你可能以為鼻子是個熱愛旅行、說走就走、背著大背包和溯溪涼鞋，走遍五大洲的大男孩吧？

事實上，鼻子根本不愛旅遊，他從來沒有主動發起自助旅行過，都是朋友揪他，有興趣才會當隻跟屁蟲。鼻子去歐洲那麼多次，沒有一次是去旅行，完全都是去工作。你一定會想，這樣的人，怎麼可能熱愛旅遊業？讓鼻子熱愛旅遊業的，從來都不是「旅遊」這件事，而是一種「感覺」。這要從鼻子的大學主修——地質系說起。

鼻子會去唸地質系，就跟你我一樣，只是把「感覺有用」的科系從高到低分填進志願，分數剛好到那邊，就被分發到地質系去了。想當然，鼻子對地質系沒啥興趣，有一點倒是蠻有趣的：地質系有很多戶外考察課。

因為這些戶外課程，讓鼻子有機會走進花東不為人知的山谷，大自然的鬼斧神工令鼻子怦然心動，心中冒出了「我想把台灣美景介紹給更多人知道！」的念頭，就成立了一個免費的登山社團。在帶大家爬山的過程中，遇到一種天打雷劈的「感覺」。

爬山除了動腳，也不能做什麼事，只能一邊動口，跟團友聊天，所以一天的行程結束後，美景盡收眼底了，身體運動了，陌生的爬山友也變熟了。尤其行程結束前，大家一起吃飯時，儘管肌肉的痠痛、酸臭的汗味令人不快，在飯局裡卻變成友誼的催化劑，氣氛變得更加熱絡。

鼻子發現，自己好喜歡這種生米煮成熟飯的感覺！這個「感覺」，成為鼻子踏入旅遊業的契機：以成為一位帶領氣氛的領隊為目標，加入一間小旅行社，從業務開始學起。

幾年過去了，鼻子成為獨當一面的領隊、已經出國無數次，只要想到每次出團時，二十幾雙一開始充滿警戒的眼神，在旅行的過程中逐漸變得放鬆、溫柔、信任彼此，甚至互開玩笑的「感覺」，依然非常滿足，看團友們玩得開心，就是鼻子最大的成就感。

所以，你一定要先知道自己的興趣，才能找到熱愛的工作嗎？不是這樣的。一份你熱愛的工作，不一定是你的興趣、你喜歡的職稱，而是像鼻子這樣不愛旅行，但是在工作中，有他很喜歡、足以成為火種的「感覺」，使他熱愛他的工作。

雖然鼻子很幸運，在剛出社會之際，就發現自己熱愛的事，但你以為他從此就在旅遊業發光發熱嗎？其實，他也曾經迷失在主流價值觀的「成功」中，當了一陣子旅遊業的逃兵。

別人的成功，不一定是你的成功

出社會一年後，鼻子看到走在不同道路上的朋友，似乎發展得更好：一位朋友在貿易業，今天在機場打卡，公告天下要去哪個國家工作，下禮拜又是哪裡；又聽到另一位朋友被外派到南美洲，隻身一人建立了公司的第一間南美辦公室，好像很厲害！

回頭看看還在台灣的自己，卻還在國內小旅行社，當個整天對大哥大姐哈腰鞠躬的小業務，總覺得自己矮人一截，收入既不如人，職稱也不響亮，還困在小小的海島上，連台灣海峽都沒跨過去。因為「不想輸給別人」，鼻子決定離開旅遊業，追隨朋友的腳步，跳到貿易業，外派到印度擔任業務，負責把台灣的化學產品賣給印度客戶。

雖然在印度生活是很難得的經驗，可是鼻子就是沒辦法喜歡這份工作。一方面，工作內容實在太虛無飄渺，工作這一年，鼻子從來沒看過公司的產品、裝藥劑的桶子罐子，連工廠大門是什麼顏色都不知道，就只是一直跟客戶交涉、處理文件工作；另一方面，生活逼不得已的單純：當地沒有娛樂、衛生環境很不理想，雖然是晴天，開門只能見到被霧霾柔焦過的陽光；稀少的華人面孔，更是當地人眼中的肥羊，必須時時提防被騙。

因此鼻子大部分時間都只能待在家裡，會和他互動的人，就只有一個印度同事，加上偶爾來印度旅遊的台灣朋友。這樣的工作和生活，完全違背自己喜歡看到大家熱絡的樣子！

現在回頭看這段外派經歷，雖然打開眼界、英文更好（印度人的英文那麼難懂）、做到強調成功的商業雜誌最愛說的「和國際接軌」，但人在當下，其實是痛苦不已的。鼻子語重心長的說：

「別人覺得好的，不一定是自己喜歡的。」

一年後，鼻子離開外派印度的外貿工作，回到台灣。後來，第一份工作的旅行社，正好有個歐洲捷奧線領隊的機會向鼻子招手，他決定擁抱過去熱愛的「感覺」，回鍋旅遊業。

這次回歸，鼻子對未來的藍圖越來越清晰：五年後，我要擁有一間自己的旅行社，所以我要先把捷奧線帶熟，再帶熟歐洲其他線路，有機會的話就跳去更大的旅行社，累積更豐富的帶團經驗、更多經營旅行社的 know-how……

因為有長期規劃，疫情也澆不熄熱情

問鼻子熱愛一份工作的表現是什麼？鼻子覺得，當你熱愛一份工作，你會有長期規劃，遇到挑戰和困難，甚至連工作都不保時，你會隨機應變。

沒有一份工作是不辛苦、沒有壓力的，但如果你喜歡你的工作，你不會感到慌張。鼻子分享，領隊是非常辛苦的工作，帶團時，一天的工時是十六小時起跳，而在旅遊旺季，領隊根本沒辦法回家，因為帶完一團下飛機後，晚上又要直接帶下一團飛出去。即使這樣，鼻子還是樂在其中，享受每一次團友變得融洽的過程，就像以前在帶登山團那樣的「感覺」。甚至因為疫情爆發，鼻子失去領隊工作，但他還是持續在為重回旅遊業鋪路：一邊嘗試開發國內旅遊團，一邊學習操作數位行銷，一邊尋找行銷相關工作，希望未來能改善旅遊業傳統的行銷方法。

他也開始製作旅遊 Podcast「你家隔壁的旅行社」，這個節目設定的聽眾群很特別，是針對旅遊從業者，而不是被疫情困住的一般消費者，因為鼻子很確定自己還想回到旅遊業，他希望透過這個節目，繼續和旅遊業保持聯繫。

隨著疫情趨緩，鼻子的節目已經停更，回到他最愛的旅遊業，也成立了一個登山品牌，繼續打造他的熱情。

鼻子說，如果你熱愛你的工作、很確定職涯就是要走這條路，你不會委屈或不安，因為你知道目的地在哪，就會有一份長期規劃，就連遇到疫情這樣的大海嘯，還是可以緊急應變，或許培養別的能力，或許暫時做一份不相關的工作，為未來的夢想存錢。

相反的，如果不喜歡你的工作，沒有長遠的目的地和方向，你就只能和別人比較收入，但是收入這種事情，比不完的！你永遠找得到收入比你高的人，然後為了填補永遠填補不完的自卑感，只能逼自己做不喜歡的工作。

你可能想問，如果我現在就是不知道自己喜歡什麼工作，該怎麼辦？鼻子想給你兩個建議。

設定一個「滾動式修正」的目的地

一 以終為始

鼻子想先請你想想，自己想過什麼樣的生活？理想的工作型態是什麼？然後，去做功課、訂計畫、去嘗試，隨著你嘗試、學到的越多，目的地的方向會越來越準確，遇到挑戰或社會的壓力時，才能堅持下去。

鼻子以自駕旅行來比喻，如果你知道目的地在哪，也知道要怎麼去那裡，即使在路上爆胎、拋錨、迷路，你始終都能堅定方向，想盡一切辦法解決問題；如果不知道目的地，只是盲目地在路上亂開，一但你遇到挑戰，不僅心情很慌張，還會很容易放棄掉頭，前功盡棄。

最重要的是，沒有人一開始就會想到最正確的目的地，目標絕對會改變的，我們要抱著滾動式修正的心態，邊走邊學，邊調整方向。

別人的建議，參考就行

鼻子發現，當你遇到職涯或人生困難，詢問別人的意見時，他們是不知道問題全貌的，很可能只是順著你的意思給建議，例如當你抱怨工作很難找，朋友跟你說哎呀現在經濟不景氣工作難找啊！再努力一段時間啦！會不會工作難找，只是因為自己找工作不夠積極、履歷寫得不夠好？

其次，別人覺得好的，不見得是你自己想要的。鼻子的家族有很多公務員，很多親戚常常熱心建議他去考公務員，因為他們覺得公務員是最安穩的選擇，但是自己真的喜歡當公務員嗎？

有過外派印度的痛苦經驗，鼻子深刻體會，大家羨慕、覺得「好」的工作，實際走過一回，才發現自己根本不喜歡外派生活。不喜歡的工作，再怎麼逼自己，都不會做得久的。

尋找「感覺」，而不是尋找熱愛的工作

看完鼻子的故事，你還覺得，一定要先有某個興趣，才會有喜歡的工作嗎？事實上，你熱愛的工作，不一定和你的興趣相關，而是工作中有你喜歡的「感覺」；當你依循這個「感覺」，有了一份熱愛的工作，你會有長期的職涯規劃，工作中的辛苦和無奈，甚至是像疫情這樣的意外，都不會是阻礙你熱愛工作的理由。

如果你還不知道自己喜歡什麼，就傾聽自己內心真正的聲音，如果聽不到，就設定一個暫時的目標，然後滾動式修正你的目的地，邊前進、邊修正目的地，慢慢往內心真正想去的地方靠近。

最後，鼻子想勉勵迷惘的人，如果懷疑自己、開始和別人比較，請回頭看看過去累積出的成績，你真的沒有那麼差，拿自己和別人比較，別人未必想和你拚輸贏呢！更何況，人生到頭來都是個死，哪有輸贏這回事？

尋找那個令你怦然心動的「感覺」吧！

越想財務自由，就越無法自由

你想賺很多錢嗎？你想財務自由嗎？應該沒有人會回答不想，我也是，我也想要財務自由。但是，財務自由的夢做久了，我發現了其中的矛盾之處：

越想要財務自由，就越沒辦法自由。

*

森森是我大學的室友，我們交情不錯，即使森森長期旅居韓國，我們到現在都還保持聯繫。

森森從學生時代就非常努力賺錢，我們以為大學生就是去打打工，辛苦一點就當家教，但森森總是有辦法找到輕鬆又好賺的工作，例如幫教授做海報，在系辦接電話、分信等等。

除了賺當下的錢，森森眼光也放得很遠，大學時期就厚植實力，雙修韓文系，精通中英韓三種語言，讓森森的薪水起跑點就和其他同學差上一大截。

畢業沒多久，她順利進到韓國當地企業工作，最近更跳槽到跨國電商巨頭，薪水翻了好幾倍。

前陣子她休假返鄉，我特地抽空和好幾年沒見面的森森碰面。除了聊聊不同國家的工作文化和薪資差異，森森還分享她最近的投資計畫：和男友在首爾的超級蛋黃區，買了一間不適合情侶居住的小套房，等著收割日後的房價漲幅。

言談之間，我明顯感受到她的生活哲學：一切向「錢」看。我好奇問她，你這麼努力賺錢，是為了什麼？她想也不想，直接說：「我想要財務自由。」

聽到財務自由四個字，我的眉毛忍不住挑了一下，「那你預計要賺多少？」

森森想了一下，猶疑的說：「不知道，就越多越好吧。我希望有一天買保養品可以不用再看價錢。」

我想起森森在社群媒體上抱怨工作壓力的貼文，突然有種感觸：此刻在我眼前的，是一個做著財務自由夢，卻不自由的靈魂。

財經部落客綠角曾經分享過，所謂的金錢問題，都不只是金錢問題，而是更深層的心理問題。

追求財務自由、累積很多很多的資產，你必須先不自由很長一段時間，這意味著你的職涯選擇變得非常少，因為你只能選錢多，而非有熱情的工作。

其次，假設財務自由的目標是一千萬，當你達到目標，會不會想再擦更貴的保養品，開更好的車，來彰顯自己財務自由的身分？是的話，財務自由的難度又增加到兩千萬，你又要落入不自由的循環中。

＊

一個人需要投入多少時間到工作中，才能實現「越多越好」的目標？是不是要把二十到四十歲的人生精華通通投入到工作賺錢中？會不會錯過人生許多美麗的風景？

我認為，真正的財務自由就像射飛鏢，你要先知道紅心在哪：知道自己要什麼、理想生活是什麼、預估需要多少錢，你才知道自己為什麼工作、為什麼賺錢；追求無止盡的財富，等於是矇著眼睛亂射飛鏢，丟得再多、再用力，永遠無法得分，也永遠無法滿足。

財務自由是你的目標，還是焦慮來源？

我也曾收到讀者關於金錢焦慮的來信：

「最近感到莫名的焦慮，因為薪水好低、沒辦法讓我財務自由，很希望可以賺多一點錢，才能實現到處旅行、買房的夢想，卻又不知道可以怎麼做……」

我想，唯一能讓他停止焦慮的方法就是中樂透，一夜致富人生就得救了。不過，中樂透的機率是 1/13980000，比被雷打到的機率 1/500000 還低，中頭彩之前可能會先被雷打到。

財務自由是癡人說夢嗎？不，財務自由很好，也是我在努力實踐的人生目標之一，世上還有很多人正為財務自由努力著。

為什麼財務自由對有些人來說是目標，對其他人來說卻是焦慮的來源？

關鍵是，知不知道達成財務自由要花多少時間。

財務自由是什麼？

如果你第一次聽到「財務自由」的概念，快速說明一下什麼是財務自由。

我們都知道把錢存定存，可以領到一些利息，這個利息就是一種「被動收入」：不靠主動工作得到的收入。

而財務自由的意思，就是被動收入足以支付生活開銷，不需再工作，因為躺著也有錢賺，你可以把時間拿去做任何想做的事。

你一定會想：有這麼好康的事？如何達成財務自由？

目前主流的做法，是累積一筆產生足夠被動收入的資產，例如投入一大筆錢到股票中，靠股票股利生活，或是買一間房子出租，租金就是穩定的被動收入來源。

簡單來說，就是存一大筆錢，然後讓錢生錢，擺脫對工作收入的依賴。

達成財務自由要多久？

聽起來真的超級夢幻，對嗎？不過你覺得達成財務自由要花多久？三年？五年？

假設你每個月存下二〇％薪水，投到年化報酬率五％的投資項目，你可能需要三十六年才能財務自由，如果能存的錢更少，需要的時間就會更久。

或許你有聽過一些三十幾歲就財務自由的神人，他們是怎麼辦到的？一來，他們都是年收兩百萬以上的工程師、金融從業者，二來，他們為了實踐財務自由、提高存錢率，也都過了八到十年縮衣節食的苦日子。

像是三十三歲就財務自由的 **Winnie**，退休之前是科技業產品經理，老公則是工程師，過著只租房、不買車的生活，花了十年才達成財務自由；三十四歲就財務自由的 **Ricky**，則是在高工時、壓力大的金融業蹲了八年，才達成財務自由；就連身價一千億美金的巴菲特，九十九%的資產，都是在他五十歲之後才到手。

累積財富是一場長期作戰、一次慢慢變富的過程，財務自由是佇立在遠方的里程碑，千萬不要因為現在沒有財務自由就焦慮。焦慮將會使你做出不理性的判斷，例如強迫自己做不喜歡的工作，也很容易被賺快錢的詐騙吸引。

財務自由三個步驟

既然財務自由是一場長期作戰，那一定要有戰略。我從許多財務自由的真實故事中，歸納四個財務自由的步驟：

1. 設定資產目標

很多渴望財務自由的人會焦慮，最根本的原因，就是他們根本不知道財務自由到底需要多少錢！如果不知道終點線在哪，當然只能像隻無頭蒼蠅在跑道上亂闖。

如何計算自己需要存多少錢？有一個簡單的計算法：「年支出的二十五倍」。如果一年支出大約是五十萬，那麼你需要一千兩百五十萬產生的被動收入來養活自己。如果你比較保守，也可以抓年支出的三十倍，做為財務自由的資本。

2. 開源

開源分成兩個部分：提高主動收入和被動收入。

所謂提高主動收入，就是提升工作薪水。或許你會想，許多年紀輕輕就財務自由的人都是工程師、金融業等高薪族群，自己是否也應該要轉向工程師或金融業的跑道？

我是抱持否定的態度，因為我一直相信「熱情的循環」：做喜歡的工作↓工作有勁，表現良好↓收入提升心情爽↓更喜歡工作↓表現更好。

要記得，累積財富是一場長期作戰，不要為了眼前的高薪，忽略長期的工作適合度，因為一個月只有領薪水那天很快樂，其他二十天卻得痛苦忍耐。

另一方面，也別讓存下來的錢睡著了，選擇一個適合你的投資工具，讓他們動起來，創造睡覺時也在幫你賺錢的被動收入吧！

我自己目前的投資方式，是定期定額投入股債 **ETF**，雖然報酬率一般般，但可以讓投資自動化，我就能把時間專注於本業上，提高主動收入。

3. 節流

你可能覺得，節流就得像個苦行僧一樣，過著極度節儉的生活，事實上，節流不代表必須過的很刻苦，還是可以買新手機、買衣服，只要懂得控制預算。

我很喜歡「六個罐子理財法」的概念，把錢分成六種功能：生活開銷、學習、奉獻、娛樂、儲蓄、投資。

每個月一拿到薪水，就分配一定比例的金額到每個罐子，因此你每個月都在為快樂的娛樂花費做準備，只要是看電影、吃美食、做美甲，就從娛樂罐子裡拿錢。這筆預算既能作為努力存錢的獎勵，也釋放身心壓力，又能控制自己不超支。

當你的預算有限，你就懂得如何分辨想要與需要，把錢花在刀口上，進而做好節流。

耐心灌溉你的金錢樹

最後，回到一開始讀者的留言：沒辦法財務自由好焦慮，該怎麼做？

先做三個深呼吸，計算自己要存多少，認真工作，努力存錢，耐心等待，沒了。

財務自由之路沒有神話，也沒有捷徑，就是如此樸實無華，且枯燥。

成功的定義是什麼？如何成功？

沒人不想成功，成功人士的故事告訴我們：成功了，人生就幸福了。但是，成功到底是什麼呢？

我曾在臉書看到一則貼文，年薪七百萬的外商主管，要開一個「百萬年薪衝刺班」，希望學員複製他的成功。

他大方公布過去十年的薪水漲幅為噱頭，根據他的描述，剛畢業的月薪二十八K，將近三十歲時，跳槽到外商，月薪超過十八萬，年薪超過七百萬。

文末還附上一句頗具侵略性的 **hashtag**：「#用薪水打臉看不起你的人」。

看起來是很成功的人生，對吧？但是，只有年薪幾百萬的人生，才叫做成功嗎？難道年薪沒有破百萬，就是失敗者，就要被看不起嗎？這種成功的二分法，真的是成功嗎？

新聞會過時，流行會過時，科技也會過時，你有沒有想過，「成功」也會過時？

成功的定義是怎麼來的？

貨幣還沒發明之前，食物是人類最重要的生存資源。糧食不能穩定供應的稀缺性，推動人類從採集打獵，進步到定居農耕，再到工業發展，進入當代文明社會。

在這個過程中，人類發展出一套階級：擁有越多生存資源，就擁有更多支配的權力：交配、分配資源、奴役其他人類。

這個階級制度，過去曾經非常外顯，歷史上的封建和集權文化，幾乎依賴階級制度才得以發展。雖然隨著人權意識抬頭，階級制度不再外顯，但它並沒有消失，反而內化成一種個人和社會之間的契約。

貨幣發明且廣為流通之後，取代了食物和其他生存資源，原有的階級制度，變成從擁有的貨幣多寡來分類。

到了現代的知識經濟文化，判斷一個人屬於哪個階級、是否成功，最簡單粗暴的判斷方式，就是他的薪水。

「金錢＝成功」已經過時

在上個世代，獲取金錢和薪水最好的辦法，就是拋棄自己，在企業內奉獻生命中生產力最好的年華，就能得到一筆可觀的退休金，為自己的人生畫上成功的句點。

但是到了資訊爆炸的數位時代，我們看見上個世代的成功模式，造成很多心理問題：過勞、焦慮、個人生活與工作失衡、犧牲健康……等等。

這樣的人生，是成功的嗎？只怕還走不到領退休金、畫上句點的那一刻，就先被壓力壓扁了。資訊太多，選擇太多，人生的樣貌越來越多種，為什麼成功卻只有一種定義？

「金錢等於成功」的觀念已經過時了。蘋果每年都推出新一代 iPhone，成功的定義也需要版本更新。

新時代的成功——「自我實現」

美國非營利組織「個體機會中心」（Populace）在二〇一八年做了一項調查，在三千名受訪者中，只有百分之十八的受訪者同意財富與權利等於成功人生，百分之四十的人認為，他們更重視個人的快樂和成就。

隨著科技發展，資源不再稀缺，甚至到了過剩的程度。人們發現，金錢只能滿足馬斯洛需求理論中，底層的四個需求：生理需求、安全需求、社會需求和尊重需求。

而新時代的成功，就落在金字塔頂：自我實現的需求。

做「自己的事」，才是成功

根據馬斯洛的說法，自我實現的定義是：「實現個人理想與抱負，最大程度地發揮個人能力」。哈佛大學教育博士陶德．羅斯（L.Todd Rose）訪談許多熱愛工作，且認為自己活得很有意義，已經自我實現的人們，包含天文學家、裁縫師、花藝師、沙發維修師……等等。

陶德博士為這個研究下了一個結論，把自我實現描述得更具體：「自我實現，就是把自己的事做到卓越。」他發現這些充滿熱情的工作者，並不把工作當成工作，而是在做「自己的事」：自己熱愛、想做、想要更進步的領域，不只是在組織裡幫雇主做事，混口飯吃。

訪談中出現的關鍵字包含了：使命感、工作熱忱、對自己很驕傲、真誠地生活、活出天職，有的受訪者還羞赧地說：我正在活出夢想。

同時，這些受訪者都在各自的領域發光發熱，有所成就。驅動他們的不是金錢，而是興趣，驅使他們不斷投注熱情，提升專業。當興趣變成專業，再和生計結合，就能帶來很不錯的收入和名聲。也就是說，收入是把興趣做到卓越的副產品。

成功的自我實現

紐西蘭的珍妮・麥珂米克（Jennie MacCormick）是一位享譽國際的天文學家，她已經發現超過二十五顆行星，發表超過二十篇刊登在權威期刊的論文。

但是讓麥珂米克和其他受過正統科學訓練的天文學家不同之處，是她連張像樣的大學文憑都沒有，而她發現二十五顆行星的觀測站，是她用別人不要的設備、生鏽的器材，親手搭建出來的。

麥珂米克原本的人生，離成功非常遙遠。她成長於一個單親家庭，為了維持家計，她十五歲就輟學，在馬廄當清潔工。二十一歲，她也成了單親媽媽，在速食店工作，勉強養活自己和兒子。或許這就是所謂的階級複製吧，你可以想像單親媽媽慘淡的一生：

在家庭和育兒間奔波，眼下有重重的黑眼圈，想著如何才能和孩子一起生存下去。

二十五歲某一天，她到偏遠的鄉下拜訪親戚，親戚塞給她一個望遠鏡，叫她欣賞一下鄉下才看得到銀河。當她看見銀河的那一刻起，她就一腳跌進天文的世界——儘管她對星星和天文一無所知，但是那些星星實在是太美了，「我好想知道關於星星的一切！」在那之後，她努力自學天文知識。因為沒有什麼教育資源，她用最便宜的方式學習：到天文館參加免費講座，然後自己動手做，慢慢精進自己的觀測功力。

一九九九年，她在自家後院，用簡陋的設備搭建了自己的觀測站。五年後，一個沒有天文背景的素人，用一種「重力透鏡效應」的複雜觀測技術，發現了一個新的行星；過幾年，她又發現一顆新的小行星，她把這顆小行星命名為「紐西蘭」。這是兩百多年來，第一位發現新行星的業餘人士，上一個人是一七八一年發現天文星的英國天文學家威廉．赫雪爾（William Herschel）。

為了充分發揮自己的能力，麥珂米克更主動協助全球天文學家，蒐集研究需要的觀測資料，因為觀測資料的品質很好，做出口碑，許多研究團隊都喜歡找她合作。於是，越來越多研究機構捐贈設備到她的陽台觀測站，現在這個觀測站十分有規模。她還曾受邀到俄亥俄州州立大學的天文學系演講，這個機會，連她自己都意想不到：「你能想像嗎？一個十五歲輟學的人，竟然對著教授大談天文學！」

麥珂米克的人生，完美詮釋了新時代所需要的成功，「自我實現」：做自己的事，並且做到卓越，擁有健康平衡的心靈和生活，發揮自己的能力、貢獻所長，活出夢想，同時填飽肚子。

別再複製別人的成功

成功，是達到「自我實現」，做自己的事，並且做到卓越。

那麼，該怎麼開始實踐新的成功？

不要再複製成功人士的成功方程式，工業化時代的標準化成功，已經跟不上資訊時代了。做自己有興趣，熱愛，想做的事，思考結合生計的可能性；如果不知道自己的興趣，去找、去嘗試、去觀察，一定有你有興趣，但你從沒注意過的愛好。而且「現在」就開始，把握二十到四十歲身體機能最好的時候開始實踐新的成功，不要等賺夠錢，不要等退休，不要把人生最精華的年紀，奉獻給別人的夢想。

願你我都能成功！

影響圈──把人生往上推的方法

你想把自己的人生再往上推嗎？

很可能是覺得現在的自己過得不夠好，不知道自己的目標，認為人生應該要過得更有意義，應該要站在更高的地方。

你一定想問，要怎麼做到？

要我說，我會建議你把注意力放在你的「影響圈」，而不是「關注圈」。

有兩個人，拿著一樣的薪水，擁有一樣的資歷和資源，他們共同在一個頤指氣使的主管底下工作。第一個人每天狂罵主管、抱怨公司，工作好像只是賭一口氣，賭是自己先離職，還是主管先調走？

而第二個人，選擇不批評主管，而是盡量彌補主管的缺失，例如當主管又突發奇想，丟了一顆隕石過來，他就想辦法緩衝，替其他夥伴爭取多一點時間；如果被差遣提供資料，他就順道附上資料分析，並且根據分析結果提出建議，讓主管更信服，不會亂改決定。

幾年過去，第二個人受到公司器重，儘管受到同事訕笑，說他愛拍馬屁，他依然選擇做好輔佐角色，連公司總裁都很信任他；而第一個人還在同樣的位置，每天抱怨主管，而且還是沒離職。

這兩個人最大的差別，就是他們把注意力放在不同的地方。

這個有點雞湯味的故事，是《與成功有約》書中的故事。作者史蒂芬柯維用這個故事，說明什麼是「關注圈」和「影響圈」。柯維認為，關注圈和影響圈是決定一個人能否成功的關鍵之一。

什麼是關注圈？每個人都有自己關注的問題，像是健康、子女、事業、經濟狀況，這些都在關注圈的範圍內；而影響圈是什麼？人生會遇到很多問題，有些事情是個人可以掌握，有些事則無能為力。把這些可以控制的事情圈起來，就形成了影響圈。

前面的故事裡，第一個人把注意力放在關注圈，也就自己無法控制的事：主管的壞脾氣、朝令夕改，如此才能讓自己成為受害者，不用為自己的錯誤和不用心負責任，因為千錯萬錯，都是 they 的錯。

第二個人則是把注意力放在影響圈，比起關注主管又改了什麼命令，更常思考「我還能做什麼？」在自己可控制的範圍內，把事情盡量做好，久而久之擴大了他的影響力。

作者在書中不斷強調，人要積極擴大影響圈，而不是擴大關注圈，別讓不可控制的事情控制自己的人生。

這讓我想到，寄信給我的一百個讀者中，九十八個人都曾經提到，先前的工作經驗是如何不順、如何想換工作卻不知道自己想做什麼、人生目標到底是什麼，問我該怎麼做？

我給的答案不是請他們挑戰自己，或再忍耐一下，甚至是放手去旅行這種虛無飄渺的答案，而是請他們找出在「影響圈」裡，能走出去的第一小步是什麼？在自己能做到、能控制的範圍內，能做的第一件小事是什麼？

答案可能只是閱讀一本人生思考的書、聽一場職涯發展的講座，甚至只是把目前遇到的難題寫下來，讓自己在書寫的過程中梳理人生經驗，這些都是自己可控制，也很容易做到的第一小步。

我自己走出人生迷惘的關鍵，是在失業期間，一次和朋友聊天中，被朋友的一句話點醒。如果我當時選擇繭居在家、怨天尤人，就不會有這次聚會，也不會有點醒我的一句話，更別說撕開蓋在人生道路上的黑布。

走出迷惘，必須有一個偶然與意外，但我們不需癡癡等待偶然與意外發生，而是可以自己創造的。

前提是，你要把焦點落在可掌控的事情上，而不是關注無法控制的事：討厭的工作內容、糟糕的勞動環境，甚至是過去的自己。

你怎麼想，決定你怎麼看待這個世界，進而影響你做出什麼行動；數千百個行動累積起來，決定你活出怎樣的人生。

人類和動物最大的不同，也是人類最珍貴的能力，是人類擁有「意識」，能自由選擇你怎麼想。

無論你處在人生什麼階段，是得意或失意，是就業或失業，是菜鳥或老鳥，只要你想把人生再往上推，就選擇專注在自己的影響圈，而非無法控制的關注圈。

努力做個有影響力的人，不要成為被影響的人，相信我，你看到的世界會不太一樣。

附件

王木木的人生迷惘自救書單

對未來職業很迷惘、不知道人生方向？那就閱讀吧！

我對人生、工作一直都很迷惘，直到三十歲遇到人生挫折、被公司資遣，開始大量閱讀後，才順利走出迷惘。現在，我把這些書推薦給你，希望也能幫助到迷惘的你。

書名	作者	出版社	出版年	絕版
讓天賦自由	肯・羅賓森 盧・亞若尼卡	天下文化	二〇二二	
被討厭的勇氣 自我啟發之父「阿德勒」的教導	岸見一郎 古賀史健	究竟	二〇一四	
富爸爸，窮爸爸【25週年紀念版】	羅勃特・T・清崎	高寶	二〇二二	
刻意練習 原創者全面解析，比天賦更關鍵的學習法	安德斯・艾瑞克森 羅伯特・普爾	方智	二〇一七	
黑馬思維 哈佛最推崇的人生計畫，教你成就更好的自己	陶德・羅斯 奧吉・歐格斯	先覺	二〇一九	
越工作越自由 最大的探索，最豐盛的人生（全新探索版）	Emily Liu	遠流	二〇二三	
做自己的生命設計師 史丹佛最夯的生涯規畫課，用「設計思考」重擬問題，打造全新生命藍圖	比爾・柏內特 戴夫・埃文斯	大塊文化	二〇一六	
做自己生命的主人 哈佛大師教我的幸福人生管理學	艾瑞克・賽諾威 梅瑞爾・梅多	天下文化	二〇一三	✓

書名	作者	出版社	出版年	絕版
你是誰，比你做什麼更重要 英國管理大師韓第寫給你的21封信	查爾斯・韓第	天下文化	二〇二〇	
一個人的獲利模式 用這張圖，探索你未來要走的路	Tim Clark, Yves Pigneur Alexander Osterwalder	早安財經	二〇一七	
工作必須有錢有愛有意義！ 把喜歡的事情做成事業，成為斜槓、創業者的提案	佐依Zoey	時報出版	二〇二一	
如何移動你的公車？ 輕鬆駕馭生活、工作的寓言，讓你找回熱忱、增加效率、提高績效、無往不利！	隆・克拉克	三采文化	二〇一六	✓
順流致富GPS 從擺脫負債到億萬身價的Step by Step指南	羅傑・漢彌頓	零阻力文化	二〇一五	
上班，辭職，還是撐下去？ 一個職場倖存者的48個反向思考	劉揚銘	時報出版	二〇一六	
有一種工作，叫生活	曾彥菁Amazing	遠流	二〇二〇	
原則：生活和工作	瑞・達利歐	商業周刊	二〇一八	

書名	作者	出版社	出版年	絕版
無限賽局 翻轉思維框架，突破勝負盲點，贏得你想要的未來	賽門・西奈克	天下雜誌	二〇二〇	
為工作而活 生存、勞動、追求幸福感，一部人類的工作大歷史	詹姆斯・舒茲曼	八旗文化	二〇二一	
通往財富自由之路 教你如何變得更有價值！早晚有一天，可以不再為了生活出售自己的時間	李笑來	漫遊者文化	二〇一八	
了不起的我	陳海賢	究竟	二〇二〇	
此人進廠維修中！ 為心靈放個小假，安頓複雜的情緒	陳志恆	究竟	二〇一六	
原子習慣 細微改變帶來巨大成就的實證法則	詹姆斯・克利爾	方智	二〇一九	
時間管理：先吃掉那隻青蛙	博恩・崔西	Smart智富	二〇一八	
最小阻力之路 應用創造者思維，跳出「每天重複解決問題」的無力迴圈	羅勃・弗利茲	大寫出版	二〇二三	
一流的人如何保持顛峰	布萊德・史托伯格 史蒂夫・麥格尼斯	天下雜誌	二〇一九	

內在小革命 71

感謝失業，讓我成為更好的人

走出迷惘，開始為自己工作後，過得還不錯的這五年

作　　者／王木木
社　　長／陳純純
總 編 輯／鄭　潔
特約編輯／鄭雪如
封面設計／陳姿妤
內文排版／造極彩色印刷製版股份有限公司
整合行銷經理／陳彥吟

出版發行／好的文化
電　　話／ 02-8914-6405　　傳　　真／ 02-2910-7127
劃撥帳號／ 50197591　　劃撥戶名／好優文化出版有限公司
E－Mail ／ good@elitebook.tw
出色文化臉書／ https://www.facebook.com/goodpublish
地　　址／台灣新北市新店區寶興路 45 巷 6 弄 5 號 6 樓

法律顧問／六合法律事務所 李佩昌律師

印　　製／造極彩色印刷製版股份有限公司
I S B N ／ 978-626-7026-42-7
初版一刷／ 2024 年 5 月
定　　價／新台幣 360 元

國家圖書館出版品預行編目（CIP）資料

感謝失業，讓我成為更好的人 ： 走出迷惘，開始為自己工作後，過得還不錯的這五年 / 王木木著.
-- 初版. -- 新北市 : 好的文化, 2024.05
面 ; 公分
ISBN 978-626-7026-42-7(平裝)

1.CST: 自我肯定 2.CST: 自我實現

177.2　　113003980